Eine vollständige Insulinresistenz
Ernährung für alle Altersgruppen

Die endgültige Ressource für die Umkehrung der Insulinresistenz bei gleichzeitiger Kontrolle der Fettleibigkeit, Vorbeugung von Prädiabetes und Gewichtsabnahme

Louie Fowler

© Copyright 2025 - Alle Rechte vorbehalten.

Der Inhalt dieses Buches darf nicht ohne schriftliche Genehmigung des Autors oder des Herausgebers vervielfältigt oder übertragen werden. Unter keinen Umständen können der Herausgeber oder der Autor für Schäden, Entschädigungen oder Geldverluste, die sich direkt oder indirekt aus den Informationen dieses Buches ergeben, verantwortlich oder haftbar gemacht werden.

Über den Autor

Louie Fowler wurde 1983 in San Francisco geboren. Er ist ein Diätetiker und Ernährungswissenschaftler aus den USA. Er schloss sein Studium der Ernährungs- und Lebensmittelwissenschaften an der Universität von North Carolina ab. Danach arbeitete er 5 Jahre lang bei einem Gesundheitsspezialisten. Dieses Buch ist ein Teil seiner Leidenschaft für das Schreiben und seine persönlichen Erfahrungen.

Inhaltsübersicht

EINFÜHRUNG 7
TEIL 1: Verständnis der Insulinresistenz 8
   Was ist Insulinresistenz? 8
   Ursachen und Risikofaktoren 9
   Symptome und Diagnose 10
   Der Zusammenhang zwischen Insulinresistenz, Fettleibigkeit und Prädiabetes 11
   Erste Schritte mit der Insulinresistenz-Diät 12
   Aufbau Ihrer Insulinresistenz-Diät 13
      Die Auswahl der richtigen Lebensmittel 13
      Makronährstoffe im Gleichgewicht 13
      Portionskontrolle und Zeitplanung 13
      Hydratation 14
      Planung und Zubereitung von Mahlzeiten 14
      Kluges Naschen 14
      Etiketten lesen 14
      Anpassen an individuelle Bedürfnisse 14
TEIL 2: DIE REZEPTE 15
   FRÜHSTÜCK 15
      1. Gegrillter Heilbutt mit Zitrusfrüchten 15
      2. Spezial-Gemüsebrühe 16
      3. Cappuccino-Schoko-Chip 16
      4. Blaubeer-Bananen-Smoothie 17
      5. Gumbo mit Meeresfrüchten 18
      6. Frühstücks-Hackbraten 19
      7. Truthahn-Auflauf 19
      8. Waffel-Sandwich 20
      9. Bagel-Sandwich 20
      10. Mandel-Cranberry-Müsliriegel 21
      11. Kräftige Dattel-Apfel-Riegel 21
      12. Kirschenkekse 22
      13. Omelett 23
      14. Mokka-Latte mit gebräunter Butter 23
      15. Mandel-Cranberry-Müsliriegel 24
      16. Spiegeleier mit Spinat und Champignons 25
      17. Griechischer Joghurt mit Beeren-Glück 26
      18. Avocado-Ei-Frühstücksgenuss 27
      19. Frittata mit Spinat und Pilzen 28
      20. Räucherlachs-Käse-Rolle 29
      21. Grüner Smoothie 29
      22. Beeren-Streusel-Pudding 30
      23. Kräftige Dattel-Apfel-Riegel 31
      24. Frühstücks-Hackbraten 32
      25. Gemischtes Gemüse-Omelett 32

26. Käse-Eier, Speck und Blumenkohl-Haschee 33
27. Pochierter Lachs 34
28. Hüttenkäse mit Nussmischung 34
29. Gemüse Korma 35
30. Zucchini-Suppe 36

MITTAGESSEN 36
31. Gegrilltes Hähnchen und Avocado-Salat 36
32. Schusterjunge mit Hühnersoße 37
33. Deviled Egg mit eingelegten Jalapenos 38
34. Pesto-Kräuter-Schweinekoteletts 39
35. Beef Stir-up 39
36. Adobo-Huhn 40
37. Rindfleischbrot 41
38. Knuspriges Hähnchen 42
39. Persisches Huhn 43
40. Spezielle Nudeln 44
41. Gebratener Reis mit Blumenkohl 44
42. Blumenkohl-Brokkoli-Suppe 45
43. Gefülltes Gemüse mit Champignons 46
44. Quiche Lorraine 47
45. Hähnchen Gyros 48
46. Hähnchen-Satay 49
47. Schweinekoteletts 50
48. Hühnerbrot 50
49. Müsli und gegrillte Pfirsiche 51
50. Pikante mediterrane Hähnchenschenkel 52
51. Rindfleisch Bourguignon 53
52. Klassischer Schmorbraten 53
53. Paneer-Curry mit gefüllten Kartoffeln 54
54. Verschiedene Hühnercurrys 55
55. Reis mit Linsencurry 56
56. Gebackenes Ei 57
57. Salat mit Thunfisch und Avocado 57
58. Gegrillte Shrimps und Gemüsespieße 58
59. Lamm- und Schweinefleischgewürz 59
60. Einfache Hühnersoße 60
61. Krabbenküchlein mit Limettensalsa 61

DINNER 62
62. Blaubeer-Crustard-Kuchen mit Zitronengeschmack 62
63. Reispudding 62
64. Reis mit Rinderbratensoße 63
65. Shrimp Thermion 64
66. Gebratener Rindereintopf 65
67. Suppe mit Huhn und Nudeln 66
68. Rindfleisch in einem Rührbraten 66
69. Zander in Basilikumsahne gedünstet 67
70. Käsiger Thunfischauflauf 67

71.	Ingwer-Rindfleisch-Salat	68
72.	Französische Zwiebelsuppe	69
73.	Traditionelle Hühner-Gemüse-Suppe	70
74.	Gegrilltes Hühnerfleisch und gebratenes Gemüse	70
75.	Gegrillte Portobello-Pilze mit Spinat und Feta	71
76.	Zucchini-Nudeln mit Pesto und Kirschtomaten	72
77.	Gebackener Lachs mit Zitronen-Dill-Sauce	73
78.	Gebackene Hähnchenschenkel mit Knoblauch und Kräutern	73
79.	Auberginen-Lasagne	74
80.	Spaghettikürbis mit Pesto und Kirschtomaten	74
81.	Zitrone, Knoblauch, Krabben und Spargel	75
82.	Gefüllte Paprikaschoten	75
83.	Gegrilltes Koriander-Limetten-Huhn	76
84.	Lamm mit Spargel	77
85.	Zoodles mit Fleischbällchen in italienischer Sauce	78
86.	Curry-Blumenkohlsuppe	79
87.	Shrimp-Soße	79
88.	Blumenkohl-Reis und Luau-Schweinefleisch	80
89.	Roasted-beef Eintopf	81
90.	Hühner-Nudel-Suppe	82
91.	Gebackener Kabeljau mit Zitrone und Kräutern	82
92.	Gegrillte Hähnchenbrust mit Zitronen-Kräutern	83
93.	Pikanter Blumenkohl-Reis mit Putenhackfleisch	83

SNACKS **84**

94.	Mit Guacamole gefüllte Gurkenhäppchen	84
95.	Caprese-Spieße mit Balsamico-Glasur	85
96.	Gurken-Sahne-Käse-Roll-Ups	85
97.	Griechischer Joghurt mit Beeren und Mandeln	86
98.	Parmesan-Zucchini-Chips	86
99.	Deviled Eggs mit Speck	87
100.	Räucherlachs mit Gurke	87
101.	Mandel-Kokosnuss-Energie-Bites	88
102.	Pikante geröstete Kichererbsen	88
103.	Mini-Glockenpaprika-Nachos	89
104.	Blumenkohl-Büffel-Häppchen	89
105.	Knuspriger Käse	90
106.	Frikadellen	90
107.	Süß-würzige Garnelen	91
108.	Spaghettikürbis mit Käse	92
109.	Grüne Bohnen mit Prosciutto und Knoblauch	92
110.	Frisches Gemüse mit Kräutern	93
111.	Gebratenes Gemüse	94
112.	Pizza-Auflauf	94
113.	Süß-würzige Thai-Pizza	95
114.	Pfannkuchen	96
115.	Twist Pizza	97
116.	Diavola Pizza	98

- 117. Vegane Pizza 98
- 118. Gegrilltes Sandwich 99
- 119. Mini-Burger-Schieber 99
- 120. Portobello-Pilz-Burger-Häppchen 100
- 121. Tacos 101
- 122. Hähnchen-Gemüse-Kabobs 101
- 123. Gebratene Paprika mit Hähnchen 102
- 124. Antojitos 102

DESSERT 103
- 125. Schoko-Erdnuss-Protein-Happen 103
- 126. Kirschkuchen 103
- 127. Besondere Torte 104
- 128. Avocado-Schokoladen-Mousse 104
- 129. Beerenparfait 105
- 130. Schokoladen-Erdnussbutter-Bomben 105
- 131. Apfelkuchen 106
- 132. Käse-Häppchen 107
- 133. Chia-Samen-Pudding mit Beeren 107
- 134. Vanille-Kokosnuss-Makronen 108
- 135. Klassischer Mandel-Schokoladenkuchen 108
- 136. Himbeer-Schokoladen-Chip-Muffin-Kuchen 109
- 137. Dekadenter Bitterschokoladen-Mandel-Kuchen 110
- 138. Pikanter Zitronen-Custard 110
- 139. Knoblauch-Basilikum-Blumenkohl-Käsebrot 111
- 140. Schokoladenkuchen 111
- 141. Schokoladen-Mandel-Brownies 112
- 142. Käsekuchen 113
- 143. Karottenkuchen Köstlichkeit 113
- 144. Energie-Häppchen 114

30-Tage-Menüplan *115*
- *Woche 1* *115*
- *Woche 2* *116*
- *Woche 3* *117*
- *Woche 4* *118*

SCHLUSSFOLGERUNG *120*

EINFÜHRUNG

Insulin, ein Hormon, das für die Regulierung des Blutzuckerspiegels unerlässlich ist, führt dazu, dass die Zellen des Körpers weniger empfindlich werden. Insulinresistenz ist eine Stoffwechselerkrankung, die durch diesen Verlust der Empfindlichkeit definiert ist. Die Anhäufung von Glukose im Blutkreislauf, die die Folge einer unwirksamen Reaktion der Zellen auf Insulin ist, führt zu einem erhöhten Blutzuckerspiegel. Erhöhte Insulinspiegel können dadurch entstehen, dass die Bauchspeicheldrüse im Laufe der Zeit als Ausgleichsmaßnahme zusätzliches Insulin produziert. Unbehandelt kann sich die Insulinresistenz zu Prädiabetes oder Typ-2-Diabetes entwickeln. Die Prävalenz dieser Erkrankung nimmt in der modernen Gesellschaft zu, da sie häufig mit Fettleibigkeit, Bewegungsmangel und ungesunden Ernährungsgewohnheiten einhergeht. Es ist wichtig, die Insulinresistenz zu verstehen, um Komplikationen zu vermeiden und die allgemeine Gesundheit zu verbessern.

Die Ernährung ist eine der wichtigsten Komponenten bei der Behandlung der Insulinresistenz. Unsere Insulinempfindlichkeit und unser Blutzuckerspiegel werden direkt durch unsere Ernährung beeinflusst. Eine Ernährung mit einem ausgewogenen Anteil an Makronährstoffen, einem hohen Anteil an vollwertigen, unverarbeiteten Lebensmitteln und einem geringen Anteil an Mahlzeiten mit hohem glykämischen Index wird empfohlen, um die Regulierung des Blutzuckerspiegels und die Verbesserung der Insulinempfindlichkeit zu unterstützen. Besonders vorteilhaft ist eine Ernährung, die reich an Ballaststoffen, mageren Proteinen, gesunden Fetten und Kohlenhydraten mit niedrigem glykämischen Index ist. Zwei weitere Methoden zur Verbesserung der Wirksamkeit von Ernährungsmaßnahmen sind das Timing der Mahlzeiten und das Portionsmanagement. Die Kontrolle des Blutzuckerspiegels, die Gewichtsabnahme, die Vorbeugung von Fettleibigkeit und die Verringerung des Risikos, an Diabetes zu erkranken, sind allesamt mögliche Ergebnisse für Menschen mit Insulinresistenz, die eine gut informierte Ernährung einhalten.

Dieses Buch ist als gründliches Handbuch für alle gedacht, die ihre Insulinresistenz durch Ernährung in den Griff bekommen wollen. Es bietet eine Kombination aus realistischer Anleitung, wissenschaftlichen Erklärungen und einer Reihe von altersgerechten Rezepten. Von der Kenntnis der Insulinresistenz über die Wissenschaft der Ernährung bis hin zur Planung von Mahlzeiten und Änderungen des Lebensstils baut jedes Kapitel auf dem vorhergehenden auf. In den altersspezifischen Kapiteln des Buches werden die Ernährungsvorschläge auf die besonderen Bedürfnisse von Erwachsenen, Kindern und älteren Menschen zugeschnitten. Die Leser können eine dauerhafte und effiziente Strategie zur Kontrolle der Insulinresistenz und zur Verbesserung der allgemeinen Gesundheit entwickeln, indem sie sich an die Empfehlungen halten und die verfügbaren Ressourcen nutzen.

TEIL 1: Verständnis der Insulinresistenz
Was ist Insulinresistenz?

Es gibt eine Stoffwechselerkrankung, die als Insulinresistenz bekannt ist. Sie tritt auf, wenn die Körperzellen ihre Empfindlichkeit für das Hormon Insulin verlieren, das von der Bauchspeicheldrüse produziert wird und für die Kontrolle des Blutzuckerspiegels verantwortlich ist.

Unser Körper wandelt Kohlenhydrate aus der Nahrung in Glukose um, die anschließend in den Blutkreislauf abgegeben wird. Insulin erleichtert die Aufnahme von Glukose durch die Zellen, so dass diese sie als Brennstoff nutzen können. Eine Insulinresistenz führt jedoch dazu, dass die Zellen nicht mehr auf Insulin ansprechen, so dass die Glukose im Blutkreislauf verbleibt.

Der Körper produziert mehr Insulin, um diese verringerte Empfindlichkeit auszugleichen, wodurch der Spiegel des Hormons im Blut ansteigt. Zunächst kann dies zur Aufrechterhaltung eines normalen Blutzuckerspiegels beitragen, doch mit der Zeit könnte die Bauchspeicheldrüse Schwierigkeiten haben, den wachsenden Insulinbedarf zu decken. Erhöhte Blutzuckerwerte und Typ-2-Diabetes bzw. Prädiabetes können die Folge sein.

Zahlreiche Risikofaktoren wie Fettleibigkeit, insbesondere zusätzliches Bauchfett, Bewegungsmangel, schlechte Ernährung und bestimmte erbliche Faktoren werden häufig mit Insulinresistenz in Verbindung gebracht. Die Insulinresistenz wird auch mit Krankheiten wie dem metabolischen Syndrom und dem polyzystischen Ovarsyndrom (PCOS) in Verbindung gebracht.Insulinresistenz kann leichte Symptome haben, die oft nicht beachtet werden. Typische Symptome sind zunehmende Müdigkeit und Appetitlosigkeit, Konzentrationsschwierigkeiten und Gewichtszunahme - vor allem in der Mitte des Körpers. Manchmal treten aufgrund der Insulinresistenz schwarze Flecken auf der Haut am Hals, an den Ellenbogen, Knien und Knöcheln auf. Zur Diagnose der Insulinresistenz werden der Insulinspiegel, der Nüchternblutzucker und manchmal ein oraler Glukosetoleranztest herangezogen. Eine frühzeitige Erkennung ist unerlässlich, um die Insulinresistenz in den Griff zu bekommen und durch Änderungen der Lebensweise, einschließlich Ernährung, Bewegung und Gewichtsreduktion, umzukehren.

Das Verständnis der Insulinresistenz ist der erste Schritt zur Übernahme der persönlichen Verantwortung für Ihre Gesundheit.

Die Menschen können ihr Diabetesrisiko senken, ihre Insulinempfindlichkeit erhöhen und ihr allgemeines Wohlbefinden verbessern, indem sie sich der Symptome und Risikofaktoren bewusst sind und eine bewusste Wahl treffen.

Ursachen und Risikofaktoren

Insulinresistenz ist ein komplexer Zustand, der durch eine Vielzahl von Faktoren beeinflusst wird, die sowohl genetisch als auch durch die Lebensweise bedingt sind. Zusätzliches Fett, vor allem viszerales Fett, das sich in der Bauchregion ansammelt, trägt wesentlich dazu bei, dass sich um den Bauch herum Fett ansammelt. Stoffwechselaktive Fette wie diese sezernieren entzündungsfördernde Chemikalien und Fettsäuren, die die Insulinsignalübertragung stören und die Insulinempfindlichkeit der Zellen verringern können.

Eine der Hauptursachen für die Insulinresistenz ist der Mangel an körperlicher Betätigung. Durch die Verbesserung des Stoffwechsels und die Steigerung der Glukoseaufnahme durch die Muskeln kann regelmäßige körperliche Betätigung die Insulinempfindlichkeit erhöhen.

Umgekehrt kann Bewegungsmangel zu einer Gewichtszunahme und einer Abnahme der Muskelmasse führen, was beides mit einer Insulinresistenz zusammenhängt.

Darüber hinaus ist die Ernährung von entscheidender Bedeutung. Die Insulinresistenz kann durch eine Ernährung mit einem zu hohen Anteil an raffinierten Kohlenhydraten, zuckerhaltigen Lebensmitteln und schädlichen Fetten noch verstärkt werden. Diese Lebensmittel können zu einem abrupten Anstieg des Blutzucker- und Insulinspiegels führen, was zu einer verstärkten Fetteinlagerung und Entzündung beitragen kann. Das Problem kann durch eine Ernährung mit einem Mangel an Ballaststoffen, mageren Proteinen und gesunden Fetten noch verschärft werden, da sie nicht die optimalen Nährstoffe für die Stoffwechselfunktion liefert.

Auch die genetische Veranlagung einer Person kann eine Rolle bei der Entwicklung einer Insulinresistenz spielen. Es besteht ein Zusammenhang zwischen einer Familienanamnese des metabolischen Syndroms oder des Typ-2-Diabetes und einer erhöhten Wahrscheinlichkeit, an der betreffenden Krankheit zu erkranken. Darüber hinaus sind bestimmte rassische und ethnische Gruppen, darunter Afroamerikaner, Hispanoamerikaner, amerikanische Ureinwohner und Asiaten, einem höheren Risiko ausgesetzt als andere Gruppen. Weitere Faktoren sind das Alter und hormonelle Veränderungen. Mit zunehmendem Alter steigt das natürliche Risiko für eine Insulinresistenz. Auch das polyzystische Ovarsyndrom (PCOS) und andere hormonelle Störungen können die Insulinempfindlichkeit beeinträchtigen.

Schlechter Schlaf und chronischer Stress sind weitere Risikofaktoren. Der Blutzuckerspiegel und die Insulinproduktion können durch Stresshormone wie Kortikosteroide erhöht werden. Das Gleichgewicht der Hormone, die Hunger und Appetit regulieren, wird durch unzureichenden Schlaf gestört, was zu Insulinresistenz und Gewichtszunahme führen kann. Es ist wichtig, diese Ursachen und Risikofaktoren zu verstehen, um einer Insulinresistenz vorzubeugen und sie in den Griff zu bekommen. Der Einzelne kann sein Risiko erheblich verringern und seine allgemeine Gesundheit verbessern, indem er sich mit Lebensstilfaktoren auseinandersetzt und bewusste Entscheidungen trifft.

Symptome und Diagnose

Eine Insulinresistenz kann zunächst ohne Symptome auftreten und entwickelt sich häufig schleichend. Wenn sich die Krankheit jedoch verschlimmert, können sich bestimmte Symptome und Anzeichen zeigen. Polyphagie, d. h. übermäßiger Hunger, ist ein typisches Anzeichen für eine schlechte Aufnahme von Glukose durch die Zellen, was den Körper veranlasst, mehr Nahrung zu suchen. Übermäßiges Essen und eine daraus resultierende Gewichtszunahme, vor allem im Bauchbereich, können die Folge sein.

Schwäche ist ein weiteres häufiges Symptom. Insulinresistente Menschen können selbst nach einer durchgeschlafenen Nacht außergewöhnlich müde und träge sein, weil ihre Zellen nicht genügend Glukose, die Hauptenergiequelle des Körpers, erhalten. Die tägliche Routine und die allgemeine Lebensqualität können durch diesen Energiemangel beeinträchtigt werden.

Konzentrationsschwierigkeiten sind ein weiteres Anzeichen für Insulinresistenz, die auch als "Brain Fog" bezeichnet wird. Ursache dieser kognitiven Beeinträchtigung ist die Unfähigkeit des Gehirns, ausreichend Glukose zu erhalten, die für eine optimale Leistung erforderlich ist. Die Insulinresistenz führt manchmal zu Blutzuckerschwankungen, die bei manchen Menschen auch Reizungen oder Stimmungsschwankungen hervorrufen können. Akanthose Nigerianer, eine Störung, die durch dunklere Hautflecken gekennzeichnet ist. Diese Flecken treten häufig an den Knöcheln, Ellbogen, Knien, Achselhöhlen und am Hals auf. In diesen Regionen können sich auch Hautanhängsel entwickeln, bei denen es sich um winzige Wucherungen der Haut handelt.

Um eine Insulinresistenz festzustellen, beginnt das medizinische Fachpersonal in der Regel mit einer vollständigen Anamnese und einer körperlichen Untersuchung. Nüchterninsulin und Blutzuckerspiegel werden häufig im Rahmen von Bluttests gemessen, die für die Diagnose unerlässlich sind. Ein erhöhter Nüchterninsulinspiegel kann darauf hindeuten, dass die Bauchspeicheldrüse mehr Insulin produziert, um die verminderte Empfindlichkeit auszugleichen. Ein zusätzliches Diagnoseverfahren ist der orale Glukosetoleranztest (OGTT).

Während des Tests wird ein glukosereiches Getränk eingenommen, und der Blutzucker der Testperson wird regelmäßig kontrolliert. Eine Insulinresistenz kann während des Tests durch erhöhte Blutzuckerwerte nachgewiesen werden.

Zusätzlich kann der Hämoglobin-A1C-Test verwendet werden, der den durchschnittlichen Blutzuckerspiegel der letzten 2-3 Monate ermittelt.

Sie wird zwar häufig zur Diagnose von Diabetes eingesetzt, kann aber auch Aufschluss über eine mögliche Insulinresistenz und die langfristige Blutzuckerregulierung geben.

Eine wirksame Behandlung der Insulinresistenz erfordert eine frühzeitige Diagnose. Durch die frühzeitige Erkennung von Symptomen und geeignete Tests können Menschen ihre Insulinempfindlichkeit erhöhen und verhindern, dass sich die Krankheit verschlimmert und sie zu Typ-2-Diabetikern werden.

Der Zusammenhang zwischen Insulinresistenz, Fettleibigkeit und Prädiabetes

Das Verständnis des Zusammenhangs zwischen Fettleibigkeit, Prädiabetes und Insulinresistenz ist für das Verständnis der metabolischen Gesundheit von wesentlicher Bedeutung. Insulinresistenz ist oft der gemeinsame Nenner dieser Erkrankungen und setzt einen Teufelskreis in Gang, der, wenn er nicht unter Kontrolle gebracht wird, zu ernsteren Gesundheitsproblemen führen kann.

Es besteht ein enger Zusammenhang zwischen Fettleibigkeit und Insulinresistenz, insbesondere bei abdominaler Fettleibigkeit. Zusätzliches Körperfett, insbesondere das viszerale Fett um die Organe herum, produziert eine Reihe bioaktiver Verbindungen, die die Insulinsignalübertragung stören, darunter entzündliche Zytokine und freie Fettsäuren. Aufgrund dieser Störung kann Glukose nicht so effektiv in die Zellen gelangen, und die Bauchspeicheldrüse muss mehr Insulin produzieren, um dies auszugleichen. Chronisch erhöhte Insulinspiegel können die Insulinresistenz mit der Zeit verschlimmern und einen Teufelskreis in Gang setzen.

Die Insulinresistenz ist eine kritische Phase in der Entwicklung zu Prädiabetes. Prädiabetes ist durch erhöhte Blutzuckerwerte gekennzeichnet, die jedoch nicht hoch genug sind, um als Typ-2-Diabetes eingestuft zu werden. Diese Krankheit bedeutet, dass der Körper Schwierigkeiten hat, den Blutzucker wirksam zu regulieren. Ein entscheidendes Element des Prädiabetes ist die Insulinresistenz, ein Zustand, bei dem der Bedarf des Körpers an Insulin zur Regulierung des Blutzuckerspiegels zunimmt, weil die Zellen nicht auf Insulin ansprechen können. Wird der Typ-2-Diabetes nicht behandelt, kann sich der Prädiabetes zu Diabetes entwickeln, der eine Reihe von Gesundheitsrisiken birgt, wie Nierenkomplikationen, neurologische Schäden und Herz-Kreislauf-Erkrankungen.

Darüber hinaus wird das Gewichtsmanagement schwierig, wenn Adipositas und Insulinresistenz vorhanden sind. Eine Insulinresistenz kann die Bemühungen zur Gewichtsabnahme erschweren, da ein erhöhter Insulinspiegel die Fettansammlung fördert und den Appetit steigert. Fettleibigkeit und Insulinresistenz werden durch die mit der Gewichtsabnahme verbundenen Herausforderungen noch verstärkt.

Um dieses zusammenhängende Trio in den Griff zu bekommen, ist eine umfassende Strategie erforderlich, die den Schwerpunkt auf Änderungen der Ernährung, der Bewegung und der Lebensweise legt. Zu den entscheidenden Komponenten gehören eine gesunde Ernährung mit wenig verarbeiteten Lebensmitteln und Zuckerzusatz, regelmäßige Bewegung, einschließlich Kraft- und Ausdauertraining, Techniken zur Stressbewältigung und besserer Schlaf. Wer sich auf diese Bereiche konzentriert, kann den Kreislauf durchbrechen, seine Insulinempfindlichkeit erhöhen und sein Risiko, an Typ-2-Diabetes zu erkranken, senken. Für erfolgreiche Präventions- und Behandlungsmethoden ist es wichtig, die Zusammenhänge zwischen Fettleibigkeit, Prädiabetes und Insulinresistenz zu verstehen.

Erste Schritte mit der Insulinresistenz-Diät

Der Beginn einer Insulinresistenzdiät ist ein proaktiver Weg, um Ihr Wohlbefinden zu verbessern und zu verhindern, dass sich die Insulinresistenz zu ernsteren Krankheiten wie Typ-2-Diabetes entwickelt. Der erste Schritt zum Einstieg in die Diät ist die Bewertung Ihrer derzeitigen Essgewohnheiten. Beobachten Sie, was Sie essen, wann Sie essen und wie viel Sie zu sich nehmen. Diese Selbsterkenntnis ist Voraussetzung dafür, dass Sie sich vernünftige Ernährungsziele setzen und erkennen, in welchen Bereichen Sie etwas ändern müssen.

Ein regelmäßiger Zeitplan für das Essen ist von entscheidender Bedeutung.

Der Verzehr von Mahlzeiten, die ernährungsphysiologisch gesund sind und ein breites Spektrum an Nährstoffen enthalten, sollte konsequent durchgeführt werden. Der Verzehr vollwertiger, unverarbeiteter Lebensmittel hat oberste Priorität. Gemüse, Obst, mageres Fleisch, ganze Körner und andere gute Fette sind nur einige Beispiele.

Sowohl die Kontrolle des Blutzuckerspiegels als auch die Verbesserung der Insulinempfindlichkeit sind mit dem Verzehr bestimmter Nahrungsbestandteile verbunden. Es ist wichtig, auf raffinierten Zucker und Kohlenhydrate zu verzichten, da sie den Blutzucker- und Insulinspiegel schnell in die Höhe treiben können. Entscheiden Sie sich stattdessen für komplexe Kohlenhydrate, da diese langsamer verdaut werden und gleichmäßig Energie liefern.

Ein weiterer wichtiger Faktor ist die Kontrolle der Portionen. Große Mahlzeiten werden mit einer erhöhten Insulinproduktion und einem erhöhten Blutzuckerspiegel in Verbindung gebracht. Um den Blutzuckerspiegel den ganzen Tag über konstant zu halten, müssen möglicherweise kleinere, häufigere Mahlzeiten eingenommen werden.

Außerdem kann dieser Ansatz dazu beitragen, den Appetit zu zügeln und übermäßigen Genuss zu verhindern.

Ausreichend Wasser zu trinken ist ebenfalls wichtig. Der Konsum von Wasser fördert eine gesunde Verdauung und hilft dem Körper, optimal zu funktionieren. Halten Sie sich von zuckerhaltigen Getränken fern, da diese die Insulinresistenz verschlimmern und zu einer Gewichtszunahme führen können.

Achten Sie beim Einkaufen darauf, die Etiketten sorgfältig zu lesen. Wählen Sie Produkte, die wenig Zucker und viele Ballaststoffe enthalten.

Die besten Optionen sind in der Regel frische, vollwertige Lebensmittel, aber wenn Sie sich für verpackte Produkte entscheiden, wählen Sie solche mit leicht identifizierbaren, grundlegenden Komponenten.

Wenn Sie regelmäßig Sport treiben, unterstützt dies die Ernährungsumstellung. Bewegung hilft bei der Gewichtskontrolle und verbessert die Insulinempfindlichkeit. Kombinieren Sie Herz-Kreislauf-Übungen wie Laufen oder Radfahren mit Krafttraining wie dem Heben von Gewichten oder der Verwendung von Widerstandsbändern.

Abschließend ist es wichtig, dass Sie Ihre Fortschritte überwachen.

Führen Sie Buch über Ihre Mahlzeiten, Ihre sportliche Betätigung und alle Veränderungen Ihres Gewichts oder Ihres emotionalen Zustands. Dies kann Ihnen helfen, Ihre Motivation aufrechtzuerhalten und die notwendigen Änderungen in der Ernährung und Lebensweise vorzunehmen.

Aufbau Ihrer Insulinresistenz-Diät

Eine ausgewogene Makronährstoffzufuhr, durchdachte Essgewohnheiten und eine gut geplante Lebensmittelauswahl sind für eine erfolgreiche Insulinresistenzdiät erforderlich. Die Ziele sind die Verbesserung der Insulinempfindlichkeit, die Kontrolle des Blutzuckers und die Förderung der allgemeinen Gesundheit.

Die Auswahl der richtigen Lebensmittel

Bevorzugen Sie ganze, unverarbeitete Lebensmittel. Sie sollten sich reichlich mit Gemüse ernähren, vor allem mit nicht stärkehaltigen Gemüsesorten wie Brokkoli, Paprika und Blattgemüse. Sie haben eine hohe Nährstoffdichte, wenig Kalorien und viele Ballaststoffe.

Obst ist ebenfalls gut für Sie, aber konzentrieren Sie sich auf Früchte mit einem geringeren glykämischen Index wie Birnen, Äpfel und Beeren.

Vollkorngetreide ist raffiniertem Getreide überlegen.

Vollkornweizen, Quinoa, brauner Reis, Hafer und andere ballaststoffreiche Lebensmittel sorgen für einen stetigen Energieschub. Hülsenfrüchte wie Bohnen, Linsen und Kichererbsen sind reich an Eiweiß und nützlichen Ballaststoffen.

Nehmen Sie pflanzliche Proteine wie Tofu und Tempeh sowie magere Proteine wie Fisch, Geflügel und Truthahn zu sich. Diese halten das Sättigungsgefühl aufrecht und tragen zur Normalisierung des Blutzuckerspiegels bei. Gesunde Fette, die in Lebensmitteln wie Avocados, Mandeln, Samen und Pflanzenöl enthalten sind, sind ebenfalls wichtig.

Diese Fette tragen dazu bei, die Gesundheit des Herzens zu stärken und die Insulinempfindlichkeit zu erhöhen.

Ausgewogene Makronährstoffe

Jede Mahlzeit sollte eine gesunde Mischung aus Fetten, Proteinen und Kohlenhydraten enthalten. Die Hälfte des Tellers sollte aus nicht-stärkehaltigem Gemüse bestehen, 25 % aus magerem Eiweiß und die restlichen 25 % aus gesunden Körnern oder stärkehaltigem Gemüse. Dieses Gleichgewicht sorgt für ein gleichmäßiges Energieniveau über den ganzen Tag hinweg und hilft bei der Regulierung des Blutzuckerspiegels.

Portionskontrolle und Zeitplanung

Die Portionskontrolle ist die wichtigste Strategie zur Bewältigung der Insulinresistenz. Achten Sie auf die Menge der Portionen und entscheiden Sie sich für kleinere Gerichte. Der Verzehr kleinerer, häufigerer Mahlzeiten kann nicht nur Übergewicht verhindern, sondern auch dazu beitragen, den Blutzuckerspiegel konstant zu halten. Versuchen Sie, alle 3,4 bis 7 Stunden eine Mahlzeit zu sich zu nehmen, und nehmen Sie bei Bedarf nahrhafte Leckereien zu sich.

Hydratation

Eine gute Flüssigkeitszufuhr ist lebenswichtig. Für eine optimale Verdauung und Glukoseregulierung ist Wasser das Mittel der Wahl.

Verzichten Sie auf zuckerhaltige Getränke wie Limonaden und gesüßte Flüssigkeiten, da sie zu schnellen Blutzuckerschwankungen führen und die Insulinresistenz verschlimmern können.

Planung und Zubereitung von Mahlzeiten

Die Vorbereitung Ihrer Mahlzeiten im Voraus kann Ihnen dabei helfen, gesündere Entscheidungen zu treffen und schädliche Alternativen in letzter Minute zu vermeiden. Um die Kontrolle über die Zutaten und Portionsgrößen zu behalten, empfiehlt es sich, die Mahlzeiten so weit wie möglich zu Hause zuzubereiten. Sie können sicherstellen, dass Sie nahrhafte Gerichte auf Vorrat haben, und Zeit sparen, indem Sie die Mahlzeiten in kleinen Mengen kochen und vorbereiten.

Kluges Naschen

Wählen Sie Snacks mit einer Kombination aus Eiweiß, Ballaststoffen und gesunden Fetten, die Sie zwischen den Mahlzeiten satt machen. Gute Optionen sind eine Handvoll Nüsse, griechischer Joghurt mit Beeren, Hummus mit Gemüsesticks oder ein Apfel mit Mandelbutter. Diese Mahlzeiten können helfen, Heißhungerattacken zu unterdrücken und den Blutzuckerspiegel unter Kontrolle zu halten.

Etiketten lesen

Lesen Sie beim Kauf verpackter Produkte immer sorgfältig die Etiketten. Achten Sie auf Produkte mit möglichst wenig verarbeiteten Bestandteilen, einem hohen Anteil an Ballaststoffen und einem geringen Anteil an zugesetztem Zucker. Sie können Ihre insulinresistente Ernährung unterstützen, indem Sie fundierte Entscheidungen treffen und die Informationen auf den Nährwertkennzeichnungen beachten.

Anpassung an individuelle Bedürfnisse

Jeder Körper reagiert anders auf eine Ernährungsumstellung. Deshalb ist es wichtig, dass Sie Ihre Ernährung an Ihr Befinden und an ärztliche Empfehlungen anpassen. Überwachen Sie bei Bedarf Ihren Blutzuckerspiegel und passen Sie Ihre Ernährung an, um eine optimale Gesundheit zu erhalten.

Der Aufbau einer insulinresistenten Ernährung ist ein dynamischer Prozess, bei dem man auf die Auswahl der Lebensmittel, die Portionsgrößen und den Zeitpunkt der Mahlzeiten achten muss. Indem Sie sich auf vollwertige, nährstoffreiche Lebensmittel konzentrieren, die Makronährstoffe ausbalancieren, ausreichend Flüssigkeit zu sich nehmen und vorausschauend planen, können Sie eine Ernährung entwickeln, die die Insulinempfindlichkeit verbessert, den Blutzuckerspiegel reguliert und das allgemeine Wohlbefinden fördert.

TEIL 2: DIE REZEPTE
FRÜHSTÜCK

1. Gegrillter Heilbutt mit Zitrusfrüchten

Was wir brauchen:
- 2 wirklich große Nabel-Orangen, jede für sich
- 2 Teelöffel scharfer Zitronensaft
- 1 Esslöffel gehackte frische Minzblätter
- 1 Teelöffel Pflanzenöl
- 2 Esslöffel gemahlener und gerösteter Ingwer
- 1 Milligramm Honig in einem Teelöffel
- ¼ Teelöffel Salz
- ¼ Milligramm organisch gemahlener schwarzer Pfeffer
- 4 Heilbuttfilets, ohne Haut, mit einem Gewicht von etwa 114 Pfund
- Das Spray des Kochens
- Minzzweige, falls gewünscht (optional)

Vorbereiten:
1. Die Temperatur des Flammengrills auf mittelhohe Stufe stellen.
2. Schneiden Sie ein Loch in die Mitte einer Orange.
3. Von der restlichen Orange insgesamt acht Scheiben abschneiden.
4. In einer sehr großen Schüssel den Zitronensaft mit den folgenden sechs Punkten auf der Liste vermischen. Den Fisch und die Orangenscheiben dazugeben und vorsichtig umrühren, damit alles bedeckt ist.
5. Legen Sie den Fisch und die Orangenscheiben auf ein mit Bratenspritzern bestrichenes Rost, bevor Sie ihn auf den Grill legen.
6. Die Zitronenmischung wegwerfen. Die Orangenabschnitte mit der Schnittfläche nach unten auf den Rost im Flammengrill legen.
7. Den Broiler aufflammen lassen und warten, bis der Lachs bei der Prüfung mit einem Zweig leicht abblättert. Nach einigen Minuten den Fisch umdrehen und orangefarbene Einschnitte in den Fisch machen.
8. Jeweils zwei Orangenscheiben darauf legen. Die Orangenabschnitte zerdrücken und gleichmäßig über den Fisch und die Orangenscheiben verteilen. Falls gewünscht, mit Minzzweigen garnieren.

2. Spezial-Gemüsebrühe

Was wir brauchen:
- 4 Liter eiskaltes Wasser, das gefiltert wurde
- ½ ganze Pfefferkörner (Pfefferkörner)
- Drei Möhren, geschält und in Scheiben geschnitten, zum Garnieren
- Drei Stangen Sellerie, gewürfelt und in eine Schüssel geben.
- Zwei Lorbeerblätter in der Knospe
- Vier zerdrückte Knoblauchzehen
- Eine große geviertelte Zwiebel
- Zwei Teelöffel Essig aus Apfelsaft
- Beliebige und übrig gebliebene Reste von Gemüse

Vorbereiten:
1. Legen Sie alle Elemente in den langsamen Kocher und decken Sie ihn ab.
2. Schalten Sie das Gerät nicht ein, sondern lassen Sie es eine halbe Stunde lang ruhen.
3. Sobald er fertig ist, stellen Sie ihn in die Mikrowelle und dämpfen ihn auf niedriger Stufe 12 Stunden lang.
4. Die festen Bestandteile sollten nach dem Abseihen der Brühe verworfen werden.
5. Vor der Verwendung die Brühe mindestens 2-3 Stunden im Kühlschrank ziehen lassen.
6. Die Frische der Brühe kann im Kühlschrank drei bis vier Tage aufbewahrt werden, oder sie kann dauerhaft eingefroren werden.

3. Cappuccino-Schoko-Chip

Was wir brauchen:
- Dusche kochen
- 1 und 3/4 Tassen fettarme Heizungsmischung
- Zucker (½ Tasse)
- ½ Tasse hocherhitztes Wasser
- 2 Esslöffel Moment-Kaffeegranulat
- Rapsöl (¼ Tasse)
- Ein riesiges Ei
- Eine halbe Tasse halbsüße Schokolade ist kleiner als normale Chips.

Vorbereiten:
1. Den Broiler auf 400° vorheizen.
2. Legen Sie 12 Papierbackförmchen in die Backförmchen; bedecken Sie sie mit Kochdunst.

3. Die Mischung in trockene Messbecher füllen, wobei darauf zu achten ist, dass die Becher mit dem Messer waagerecht stehen. Die Heizungsmischung und den Zucker in einer mittelgroßen Schüssel miteinander verquirlen.
4. ½ Tasse hocherhitztes Wasser und Espressogranulat hinzufügen und mixen, bis der Espresso zerfällt. Öl und Ei mit einem Schneebesen verrühren; Espressomischung einrühren. Die Espressomischung zu der erhitzten Mischung geben und so lange mixen, bis sie durchweicht. Schokoladenraspeln untermischen.
5. Löffel den Spieler in angeordnete Liner. 20 Minuten lang bei 400°F erhitzen, damit die Kekse bei leichtem Kontakt zurückfedern. Die Kekse schnell aus dem Behälter nehmen und auf ein Kuchengitter legen. Warm servieren.

4. Blaubeer-Bananen-Smoothie

Was wir brauchen:
- 1 reife Banane
- ½ Tasse frische Heidelbeeren
- 1 ½ Esslöffel Honig
- ½ Tasse Mandelmilch
- ½ Teelöffel reine Vanille-Essenz
- ½ Tasse griechischer Joghurt
- Eiswürfel nach Wunsch

Vorbereiten:
1. Schälen Sie die Banane und geben Sie sie in den Mixer.

Geben Sie die frischen oder gefrorenen Blaubeeren in den Mixer. Durch die Zugabe von gefrorenen Blaubeeren kann der Smoothie dicker und schaumiger werden.

2. Löffeln Sie den Joghurt. Er gibt dem Smoothie einen Proteinschub und macht ihn cremiger.
3. Die Mandelmilch in den Mixer geben. Passen Sie die Menge so an, dass Sie die gewünschte Dicke erreichen. Wenn Sie zusätzliche Süße wünschen, träufeln Sie den Honig hinein. Sie können die Menge je nach Geschmacksvorliebe und der natürlichen Süße der Zutaten regulieren.

Verbessern Sie den Geschmack mit reiner Vanilleessenz. Sie verleiht dem Smoothie eine wunderbare Tiefe. Wenn Sie möchten, können Sie einige Eiswürfel hinzufügen, um den Smoothie dicker und kälter zu machen.

4. Schließen Sie den Deckel des Mixers und mixen Sie alle Zutaten, bis sie glatt sind. Wenn die Mischung zu breiig ist, fügen Sie mehr Mandelmilch hinzu, bis die gewünschte Konsistenz erreicht ist.
5. Machen Sie vor dem Servieren eine kurze Geschmacksprobe Ihres Bananen-Blaubeer-Smoothies. Passen Sie die Süße oder Dicke nach Bedarf an, indem Sie Honig oder Milch hinzufügen.

6. Gießen Sie Ihren erfrischenden Bananen-Blaubeer-Smoothie in ein Glas oder einen Reisebecher. Er eignet sich perfekt zum Frühstück, zur Erholung nach dem Training oder als nahrhafter Snack, der den Heißhunger auf Süßes stillt und gleichzeitig gesund ist.

5. Gumbo mit Meeresfrüchten

Was wir brauchen:
- 20 Unzen Okraschoten, die eingefroren und dann aufgetaut wurden
- 1 Pfund Hähnchenschenkel ohne Haut und ohne Knochen, die in Stücke geschnitten wurden
- 10 Unzen gekochte Garnelen
- Eine Hühnerbrühe, die 2 Tassen entspricht
- Cayennepfeffer, abgemessen bis zu einem halben Teelöffel
- 2 Tassen Tomatensauce ohne Zuckerzusatz
- 2 gewürfelte Stangen Sellerie sind enthalten.
- 1 ½ Tassen dünn geschnittene Zwiebeln
- 2 Würfel und Würste
- 2 Lorbeerblätter in der Knospe
- 1 ½ Tassen grüne Paprika, die entkernt und in Scheiben geschnitten wurden
- Nach Bedarf können Pfeffer und Salz verwendet werden.
- 3 zerdrückte Knoblauchzehen
- ½ Teelöffel getrocknete Zwiebelflocken
- Eine Prise Zatarain's Original Gumbo File, reiner Boden

Vorbereiten:
1. Alle Zutaten mit Ausnahme der Garnelen und der Zatarain's im Kochtopf vermischen.
2. In unmittelbarer Nähe des Deckels der Pfanne.
3. Der Prozess des Kochens bei niedriger Temperatur für sechs bis acht Stunden
4. Dann, zehn Minuten vor Ende der Garzeit, schwenken Sie es in Ihre bereits vorgekochten Garnelen.
5. Vor dem Servieren des Gerichts etwas Zatarain's darüber schütteln.
6. Mit Reis aus Blumenkohl servieren.

6. Frühstücks-Hackbraten

Was wir brauchen:
- Ein Pfund Schweinehackfleisch
- Ein Teelöffel Paprika
- Zwei Eier
- 2 Tassen gehackte Zwiebel
- ½ Tasse Mandelmehl
- Ein Esslöffel Kokosnussöl
- Ein Esslöffel Knoblauchpaste
- Ein Pfund Putenhackfleisch
- Sechs Teelöffel italienisches Gewürz
- Zwei Teelöffel rote Paprikaflocken
- Verwenden Sie Salz und Pfeffer.

Vorbereiten:
1. Öl in eine Pfanne geben und bei niedriger bis mittlerer Temperatur erhitzen.
2. Wenn sie warm ist, mischen Sie die Zwiebel und erhitzen Sie sie, bis sie glasig ist.
3. Nehmen Sie es von der Hitze weg.
4. Mandelmehl, Eier und Gewürze in eine Schüssel geben und umrühren.
5. Das Fleisch und die Zwiebeln hinzufügen und mit sauberen Händen vermengen. Zu einem Laib formen.
6. Den Herd mit Kokosnussöl einfetten.
7. Legen Sie den Laib in den langsamen Kocher und achten Sie darauf, dass zwischen dem Fleisch und den Seiten des Kochers mindestens ein halber Zoll Platz ist und dass die Oberseite des Laibs flach ist.
8. In der Nähe des Deckels der Pfanne.
9. Auf höchster Stufe 180 Minuten lang erhitzen, so dass das Fleisch 150 Grad erreicht.
10. Wenn Sie möchten, dass der Laib fest und nicht bröckelig wird, lassen Sie ihn nach dem Garen 15-30 Minuten im ausgeschalteten Herd bei abgenommenem Deckel ruhen.
11. Essen Sie!

7. Truthahn-Auflauf

Was wir brauchen:
- Zehn frische Eier
- ½ Unze Truthahnwurst
- Ein Becher Salsa ohne Zuckerzusatz
- Ein Becher Schlagsahne
- Salz und Pfeffer

- Ein Becher mit mexikanischem Käse gemischt
- Ein Teelöffel Chili-Flexe
- Ein halber Teelöffel Knoblauchpaste
- ½ Teelöffel Kreuzkümmel

Vorbereiten:
1. Eine Pfanne erhitzen und die Wurst kochen.
2. Wenn es nicht mehr rosa ist, die Salsa und die Gewürze untermischen.
3. Erlöschen durch Wärme.
4. Nehmen Sie eine Schüssel, schlagen Sie die Eier und die Milch nach Bedarf.
5. Das Schweinefleisch und den Käse mischen und umrühren.
6. Bereiten Sie einen Kochtopf mit einem Kochspray auf Kokosölbasis vor.
7. In die Kasserolle geben und den Deckel schließen.
8. Auf niedriger Stufe fünf Stunden lang erhitzen, oder, wenn Sie früher essen möchten, auf hoher Stufe 2-12 Stunden lang.

8. Waffel-Sandwich

Was wir brauchen:
- 1 (1,33 Unzen) verfestigte Mehrkornwaffel
- 2 Esslöffel Frischkäse, geschmeidig gemacht
- 2 Teelöffel dunkel gefärbter Zucker
- Gemahlener Zimt (¼ Teelöffel)
- 1 Esslöffel Rosinen
- 1 Esslöffel gehackte Pekannüsse, geröstet

Vorbereiten:
1. Toasten Sie die Waffeln entsprechend der Bündelüberschriften.
2. Frischkäse, dunklen Zucker und Zimt verrühren, bis alles gut vermischt ist. Frischkäsemischung auf den Waffeln verteilen. Mit Rosinen und Pekannüssen bestreuen.
3. Die Waffel in der Mitte durchschneiden. Die Waffelteile mit der Füllung nach innen zusammensetzen.

9. Bagel-Sandwich

Was wir brauchen:
- ½ Tasse (4 Unzen) Ziegen-Cheddar, zerkleinert
- 4 Unzen Käsesahne beschwichtigt
- 1 Esslöffel Honig
- 1/3 Tasse gehackte, geröstete Pekannüsse

- 1 Zimt-Rosinen-Twirl-Bagel, geteilt und getoastet
- ¼ Tasse rote Anjou-Birne, ungeschält und dünn geschnitten

Vorbereiten:
1. Die ersten drei Zutaten in einer kleinen Schüssel vermengen. Pekannüsse untermischen.
2. 1 Esslöffel Ziegenfrischkäse gleichmäßig auf die Schnittflächen des Bagels streichen.
3. Tupfen Sie die Birnenschnitte auf den unteren Teil des Bagels. Das Bageloberteil auflegen.
4. Verteilen und kühlen, so dass sie mehrere Wochen lang verteilt bleiben.

10. Mandel-Cranberry-Müsliriegel

Was wir brauchen:
- Mandelmargarine (½ Tasse)
- Zucker (2/3 Tasse)
- 5 Tassen frische Weizenkornquadrate
- Getrocknete Preiselbeeren (3/4 Tasse)
- ½ Tasse zerkleinerte Mandeln, geröstet
- Dusche kochen

Vorbereiten:
1. Mandelmargarine und Honig in einen großen holländischen Kochtopf geben. Bei mittlerer Hitze kochen lassen. Haferflocken, Cranberries und Mandeln untermischen und zum Überziehen schleudern.
2. Die Mischung in eine vorbereitete Schüssel geben, die mit einem Kochtopf bedeckt ist, und mit Frischhaltefolie zu einer gleichmäßigen Schicht zusammenpressen.
3. 1 Stunde stehen lassen, damit der Teig fest wird. In 12 Riegel schneiden.

11. Kauzige Dattel-Apfel-Riegel

Was wir brauchen:
- Zweieinhalb Tassen für die gesamte Dattelreihe
- 1 Tasse getrocknete Äpfel
- ½ Tasse Pekannüsse, geröstet
- ½ Tasse Haferflocken
- ¼ Teelöffel gemahlener Zimt

Vorbereiten:
1. Den Ofen auf 350 Grad herunterheizen.
2. Geben Sie die ersten drei Zutaten in einen Mixer und mixen Sie sie, bis das Blattgut fein zerkleinert ist.

3. Haferflocken und Zimt hinzugeben; 8 bis mehrmals schlagen, damit die Haferflocken aufgespalten werden. In einen leicht geölten 9 x 5-Zoll-Portionsbehälter geben und mit einer Saran-Abdeckung zu einer gleichmäßigen Schicht zusammenpressen.
4. 15 Minuten bei 350°F erhitzen. In einer Schüssel auf einem Gitter vollständig abkühlen lassen. Dann in 12 Riegel schneiden.

12. Kirschenkekse

Was wir brauchen:
- 9 Unzen Mehl (etwa 2 Tassen)
- Salz
- Zucker (¼ Tasse)
- Heizungspulver (eineinhalb Teelöffel)
- ¼ Tasse gekühlte, ungesalzene Margarine
- 3/4 Tasse getrocknete säuerliche Früchte, aufgeschnitten
- Fettfreie Buttermilch (3/4 Tasse)
- Dusche kochen
- 1 Esslöffel Puderzucker (nach Ermessen)

Vorbereiten:
1. Den Backofen auf 425° herunterschalten.
2. Das Mehl in den trockenen Schälchen abschätzen oder mit einem Löffel leicht eindrücken und mit einem Messer glattstreichen.
3. Salz, Pulver, Mehl und Zucker in einer großen Schüssel vermengen und mit einem Schneebesen gut durchmischen. Dann den Brotaufstrich mit einem Pürierstab zerkleinern, bis die Mischung wie grobes Abendessen aussieht. Früchte untermischen.
4. Buttermilch und Mandeln nach Belieben getrennt dazugeben und nur so lange mischen, bis sie feucht sind.
5. Die Butter auf einer leicht bemehlten Fläche vermischen und mehrmals leicht einmassieren, auch mit bemehlten Händen. Die Mischung in einer 8-Zoll-Kasserolle auf einem vorbereiteten, mit Pergamentpapier ausgelegten Blech strukturieren.
6. Die Butter in 10 Keile schneiden, dabei in die Kombination hineinschneiden, aber nicht durch sie hindurch. Die Oberseite der Butter mit Kochspray bestreichen. Nach Belieben mit Puderzucker bestreuen.
7. Das Zubereitungsblech auf ein Gestell im Ofen legen. Bei 425° 20 Minuten lang erhitzen, damit es glänzt.

13. Omelett

Was wir brauchen:
- 1 Esslöffel zusätzlich zu 1 Teelöffel Ghee oder ungesalzene Margarine, getrennt
- ¼ Tasse gewürfelte Zwiebeln
- 14 Tasse geschnittene Champignons
- 2 Esslöffel gewürfelte grüne oder rote Ringer-Paprika
- ¼ Teelöffel akzeptables Meersalz, aufgeteilt
- 4 riesige, geschlagene Eier
- ¼ Tasse zerstörter scharfer Cheddar, zusätzlich zu dem, was für den Belag benötigt wird
Geschnittene grüne Zwiebeln, zum Schneiden
- ¼ Tasse Salsa, zum Servieren
- 1 Becher saure Sahne, zum Servieren

Vorbereiten:
1. 1 Esslöffel Ghee in einem Kochtopf bei mittlerer Hitze verflüssigen. Zwiebeln, Champignons und Peperoni dazugeben und unter Rühren braten, so dass die Zwiebeln und die Peperoni zart sind. Die Champignons sind glänzend. Das Hackfleisch dazugeben und etwa 3 Minuten von allen Seiten anbraten, bis es gar ist. Dann mit 1/8 Teelöffel Salz abschmecken.
2. In einer Rührschüssel die Eier, das Wasser und das restliche Salz aufschlagen und gut vermischen. An einen sicheren Ort stellen.
3. Eine 12-Zoll-Pfanne bei mittlerer bis niedriger Temperatur erhitzen. Den restlichen Teelöffel Ghee hineingeben und schwenken, um die Schale zu beschichten. Leeren Sie das Ei in den Mixer. Verteilen und kochen, bis die Eier fast fest sind. Den Deckel abnehmen und den Cheddar einstreuen, so dass das gesamte Omelett bedeckt ist. Die Gemüsefüllung über den Cheddar löffeln.
4. Das Omelett in der Mitte einklappen und auf einem Teller servieren. Mit extra Cheddar und Zwiebeln bestreuen. Mit der sauren Sahne und der Salsa anrichten.
5. Bewahren Sie zusätzliche Artikel in einem verschlossenen Behälter bis zu 3 Tage lang im Eisfach auf. Vor der Entnahme erhitzen!

14. Mokka-Latte mit gebräunter Butter

Was wir brauchen:
- Ungesalzene Butter (2 Esslöffel)
- 1 1/4 Tassen ungesüßte Cashew-Milch (oder Hanfmilch, wenn keine Nüsse enthalten sind)
- 2 Esslöffel ungesüßtes Kakaopulver, zusätzlich zu dem für den Belag (nach Ermessen)
- 2 Esslöffel Puderzucker

- 3 Esslöffel heißer fermentierter koffeinfreier Kaffee oder eine andere feste koffeinfreie Espressomischung, Schlagsahne zum Garnieren (nach Ermessen)
- Sonderausstattung (Ermessenssache)
- Stabmixer

Vorbereiten:
1. Die Butter in einem Kochtopf bei starker Hitze unter Rühren erhitzen, bis die Butter aufschäumt und sich nach etwa 5 Minuten dunkle Flecken bilden; das ist die gebräunte Butter. Wenn Sie mit Butter gewürztes Kokosnussöl verwenden, erhitzen Sie das Öl nur so lange, bis es weich ist.
2. Die Hitze auf mittlere Stufe reduzieren und nach und nach die Cashewmilch einrühren; sie wird brutzeln, wenn sie zur gebräunten Butter hinzugefügt wird. Das Kakaopulver und den Zucker unterrühren. Wenn gewünscht, einen Pürierstab einsetzen und so lange mixen, bis die Mischung die Form eines schaumigen Milchkaffees annimmt, etwa 1 Minute.
3. Leeren Sie den Kaffee in eine große Tasse. Die heiße Milchmischung dazugeben und gut verrühren. Sofort servieren und nach Belieben mit Schlagsahne und etwas ungesüßtem Kakaopulver garnieren.

15. Mandel-Cranberry-Müsliriegel

Was wir brauchen:
- ½ Tasse Mandelmargarine
- 2 Tassen Honig
- 5 Tassen frische Weizenkornquadrate
- Getrocknete Preiselbeeren (3/4 Tasse)
- ½ Tasse zerkleinerte Mandeln, geröstet
- Dusche kochen

Vorbereiten:
1. Mandelmargarine und Honig in einen großen holländischen Kochtopf geben. Bei mittlerer Hitze kochen lassen. Haferflocken, Cranberries und Mandeln untermischen und zum Überziehen schleudern.
2. Die Mischung in eine vorbereitete Schüssel geben, die mit einem Kochtopf bedeckt ist, und mit Frischhaltefolie zu einer gleichmäßigen Schicht zusammenpressen.
3. 1 Stunde stehen lassen, damit der Teig fest wird. In 12 Riegel schneiden.

16. Spiegeleier mit Spinat und Champignons

Was wir brauchen:
- 6 Eier im Jumboformat
- 2 Teelöffel Pflanzenöl
- 4 gehackte Knoblauchzehen
- 1 Tasse gehackter frischer Spinat, Messbecher
- Geriebener Mozzarella-Käse, eine halbe Tasse
- 1 Tasse Champignons, in dünne Scheiben geschnitten
- ½ einer sehr klein geschnittenen Zwiebel
- Salz und Pfeffer in verschiedenen Mengen, je nach Geschmack
- Zum Schluss mit einigen frischen Kräutern wie Petersilie oder Schnittlauch bestreuen.

Vorbereiten:
1. Pflanzenöl in einer ofenfesten Pfanne, die idealerweise nicht klebt, bei mittlerer Hitze erhitzen. Nach etwa zwei bis drei Minuten die gewürfelten Zwiebeln und den zerdrückten Knoblauch hinzugeben und weiterbraten, sobald sie klar werden und der Knoblauch gut duftet.
2. Die in Scheiben geschnittenen Pilze in die Pfanne geben und weitere drei bis vier Minuten kochen lassen, damit sie anfangen zu bräunen und ihre Feuchtigkeit verlieren.

Den gehackten Spinat hinzugeben und weitere ein bis zwei Minuten braten, bis der Spinat durchhängt und die überschüssige Feuchtigkeit verdunstet ist, je nachdem, was zuerst eintritt. Vor dem Mischen mit Salz und Pfeffer abschmecken.

3. In einer separaten Schüssel die Eier gut verquirlen. Den geriebenen Käse mit den restlichen Zutaten vermischen.

Die Eier-Käse-Mischung sollte über das in der Pfanne angebratene Gemüse gegossen werden. Mischen Sie die Zutaten vorsichtig, bis sie gleichmäßig verteilt sind.

4. Die Frittata auf dem Brenner drei bis vier Minuten lang ungestört garen lassen, damit die Ränder fest werden.
5. Nachdem der Ofen vorbereitet ist, stellen Sie die Form hinein und backen die Frittata etwa fünfzehn bis zwanzig Minuten lang, so dass die Mitte vollständig durchgebacken ist und die Frittata sich aufgebläht hat. Ob die Frittata durchgebacken ist, können Sie feststellen, indem Sie mit einem Messer oder Zahnstocher in die Mitte stechen und sehen, ob sie nicht verunreinigt ist.
6. Nach Beendigung des Garvorgangs nehmen Sie die Pfanne aus dem Ofen. Bevor Sie sie in Scheiben schneiden, lassen Sie sie erst auf Zimmertemperatur kommen.
7. Verleihen Sie Ihrer Frittata einen Hauch von Geschmack und Farbe, indem Sie sie mit frischen Kräutern, wie gehackter Petersilie oder Schnittlauch, garnieren. Dies verleiht dem Gericht einen schönen letzten Schliff.

8. Servieren Sie die Frittata heiß als sättigendes Frühstück, als leichtes und eiweißreiches Mittag- oder Abendessen oder sogar als Snack für zwischendurch. Ich hoffe, dass Ihnen Ihre handgemachte Frittata mit Spinat und Pilzen schmeckt!

17. Griechischer Joghurt mit Beeren-Glück

Was wir brauchen:
- ½ Tasse gemischte Beeren
- 1 Esslöffel Honig nach Geschmack
- 1 Tasse griechischer Joghurt
- 1 Esslöffel zerstoßene Nüsse

Vorbereiten:
1. Die frischen Beeren waschen und vorsichtig trocken tupfen. Wenn Sie Erdbeeren verwenden, entfernen Sie die grünen Spitzen und schneiden Sie sie zum Mischen in Scheiben.
2. Nehmen Sie eine Rührschüssel und geben Sie den griechischen Joghurt hinzu. Wenn Sie einen Hauch von Süße wünschen, geben Sie den Honig über den Joghurt.
3. Wenn Sie den Geschmack Ihres Joghurts verstärken möchten, fügen Sie ein paar Tropfen reines Vanillearoma hinzu. Dieser Schritt ist völlig optional, kann aber eine herrliche Geschmackstiefe verleihen.
4. Mit einem Löffel den Honig sanft in den griechischen Joghurt einrühren, bis die Mischung gesüßt und die Seide gleichmäßig verteilt ist. Schmecken und passen Sie die Süße, wenn nötig.
5. In einem Servierglas oder einer Schüssel zunächst eine Schicht gesüßten griechischen Joghurt anrühren. Darauf einige frische Beeren schichten. Wiederholen Sie den Vorgang, bis Sie alle Zutaten aufgebraucht haben. Geben Sie noch ein oder zwei Beeren oben drauf, um einen Farbtupfer zu setzen.
6. Alternativ können Sie die frischen Beeren auch direkt in den gesüßten griechischen Joghurt mischen, um einen leuchtenden, beerenhaltigen Joghurt zu erhalten.
7. Für einen texturellen Kontrast und zusätzlichen Reichtum, schütteln Sie einige gewürfelte Nüsse über die Spitze Ihres griechischen Joghurts und der Beerenkreation.
8. Ihr Griechischer Joghurt mit Beeren-Glück ist bereit zum Genießen. Egal, ob Sie sich für Schichten oder eine gemischte Mischung entscheiden, jeder Löffel vereint die cremige Würze des griechischen Joghurts mit der üblichen Attraktivität und Saftigkeit frischer Beeren. Der Hauch von Honig und die optionalen Nüsse verleihen diesem einfachen, aber eleganten Gericht einen besonderen Geschmack und eine besondere Textur.
9. Lassen Sie Ihrer Kreativität freien Lauf, wenn Sie griechischen Joghurt mit Beeren mischen. Experimentieren Sie mit verschiedenen Beeren, Beträufeln (z. B. mit Ahornsirup) oder zusätzlichen Toppings wie Granola für mehr Knusprigkeit.

18. Frühstücksgenuss mit Avocado und Ei

Was wir brauchen:
- 1 reife Avocado
- 2 große Eier
- Pfeffer und Salz nach Geschmack
- Frische Kräuter wie Schnittlauch, Petersilie
- Scharfe Sauce oder Salsa (optional, für einen zusätzlichen Kick)

Vorbereiten:
1. Heizen Sie zunächst den Backofen vor. Dadurch werden die Avocado und die Eier gleichmäßig gegart. Schneiden Sie die reife Avocado. Um eine stabile Basis zu schaffen, müssen Sie eventuell einen kleinen Teil der runden Seite jeder Avocadohälfte abschneiden.
2. Von jeder Avocadohälfte vorsichtig einen Teil des Fruchtfleischs aushöhlen, so dass eine kleine Mulde entsteht, in die ein Ei passen könnte. Die ausgehöhlte Avocado für die spätere Verwendung in Salaten oder Aufstrichen aufbewahren.
3. Beide Avocadohälften mit ein wenig Salz und Pfeffer würzen. Bringen Sie mit diesem einfachen Gewürz etwas Geschmack in Ihre Küche. Schlagen Sie vorsichtig ein großes Ei in jede Avocadohälfte. Achten Sie darauf, die Aushöhlung nicht zu überfüllen - passen Sie die Menge des Eiweißes bei Bedarf an, damit es bequem in die Avocado passt.
4. Zum Würzen noch eine Prise Pfeffer und Salz über die Eier geben. Wenn Sie es gerne etwas schärfer mögen, kann ein Spritzer scharfe Soße oder ein Löffel Salsa in diesem Stadium eine köstliche Ergänzung sein.
5. Die gefüllten Avocadohälften auf ein Backblech oder eine ofenfeste Form legen. Vorsichtig in den vorbereiteten Ofen schieben. Je nach Ofen etwa ½ bis fünfzehn Minuten backen, damit das Eiweiß fest wird, während das Eigelb noch leicht flüssig ist. Wenn Sie Ihre Eier lieber durchgebraten mögen, backen Sie sie noch ein paar Minuten länger.
6. Wenn Sie aus dem Ofen kommen, garnieren Sie Ihre Avocado-Ei-Kreationen mit frischen Kräutern wie Schnittlauch oder Petersilie. Diese sorgen nicht nur für einen Hauch von Farbe, sondern auch für eine Extraportion Frische.
7. Servieren Sie Ihr Avocado-Ei-Frühstück heiß und genießen Sie die cremige Fülle der Avocado, die sich mit der Köstlichkeit der perfekt gebackenen Eier verbindet.

19. Frittata mit Spinat und Pilzen

Was wir brauchen:
- 3 Esslöffel Pflanzenöl
- 3 Knoblauchzehen, gewürfelt
- 1 Tasse gehackter Spinat
- 7 große Eier
- ½ Tasse Mozzarella-Käse
- ½ fein gehackte Zwiebel
- 1 Tasse geschnittene Champignons
- Pfeffer und Salz, nach Geschmack
- Kräuter Petersilie oder Schnittlauch

Vorbereiten:
1. Bereiten Sie Ihren Backofen vor, indem Sie ihn vorheizen. In einer Pfanne, die in den Ofen gestellt werden kann, sollte das Pflanzenöl bei niedriger Temperatur erwärmt werden. Idealerweise sollte es sich um eine Pfanne handeln, die nicht klebt. Nach etwa zwei bis drei Minuten mischen Sie den gehackten Knoblauch und die gewürfelte Zwiebel und braten sie weiter, bis sie braun und aromatisch werden.
2. Die in Scheiben geschnittenen Champignons und den in Scheiben geschnittenen Spinat in den Topf geben und weitere drei bis vier Minuten braten, damit sie anfangen zu bräunen und ihre Feuchtigkeit abgeben.
3. Das Gemüse mit Pfeffer und Salz nach Geschmack würzen. Alle Eier in eine Rührschüssel schlagen und beiseite stellen. Den geriebenen Parmesankäse unterrühren.
4. Nach dem Anbraten des Gemüses die verquirlte Eier-Mozzarella-Mischung in die Pfanne geben. Schwenken Sie die Mischung, um die Zutaten gleichmäßig zu vermischen. Die Frittata 3-4 Minuten lang ungestört auf dem Herd garen lassen, damit die Oberfläche fest wird.
5. Nach dem Aufheizen des Ofens die Form hineinstellen und die Frittata etwa fünfzehn bis zwanzig Minuten backen, bis sie aufgebläht und in der Mitte fest ist.
6. Nach dem Garen die Pfanne aus dem Ofen nehmen (denken Sie daran, Ofenhandschuhe zu benutzen, da der Griff heiß ist). Lassen Sie sie etwas abkühlen, bevor Sie sie in Scheiben schneiden. Garnieren Sie die Frittata mit Spinat und Pilzen mit gehacktem Schnittlauch.
7. Viel Spaß!

20. Räucherlachs-Käse-Rolle

Was wir brauchen:
- 4 Unzen Räucherlachs in Scheiben
- 4 Unzen Frischkäse, erweicht
- ½ Salatgurke, in dünne Streifen geschnitten
- Frische Dillzweige
- Zitronenschale (optional, für zusätzliche Frische)
- Frisch gemahlener schwarzer Pfeffer (optional, für zusätzlichen Geschmack)

Vorbereiten:
1. Legen Sie zunächst Ihre Räucherlachsscheiben aus und achten Sie darauf, dass sie trocken sind. Um das Bestreichen zu erleichtern, lassen Sie den Frischkäse bei Raumtemperatur weich werden. Schneiden Sie die Gurke in dünne Streifen und sammeln Sie frische Dillzweige zum Garnieren.
2. Nehmen Sie ein Stück Räucherlachs und bestreichen Sie es vorsichtig mit einer Schicht aus weicher Käsecreme. Die Menge an Frischkäse, die Sie verwenden, kann je nach persönlicher Vorliebe variieren, aber eine dünne, gleichmäßige Schicht funktioniert gut.
3. Legen Sie einige dünne Gurkenstreifen waagerecht an ein Ende der Lachsscheibe. Diese verleihen jedem Roll-up einen aufregenden Geschmack und eine aufregende Textur.
4. Die Räucherlachsscheibe mit dem Frischkäse und der Gurke im Inneren vorsichtig aufrollen. Drücken Sie so viel Füllung wie möglich heraus, während Sie sie fest aufrollen.
5. Wiederholen Sie den Vorgang mit den restlichen Räucherlachsscheiben, dem Frischkäse und den Gurkenstreifen.
6. Mit einem scharfen Messer jeden aufgerollten Lachs in mundgerechte Stücke schneiden. Garnieren Sie sie mit frischen Dillzweigen für einen zusätzlichen Farbtupfer und eine besondere Note. Sie können auch etwas Zitronenschale über die Röllchen streuen, um den Geschmack zu verstärken.
7. Richten Sie Ihre Räucherlachs- und Frischkäse-Roll-ups auf einer Platte oder einem Servierteller an. Sie können als elegante Vorspeise oder als leichter und schmackhafter Snack serviert werden.

21. Grüner Smoothie

Was wir brauchen:
- 1 Tasse ungesüßte Mandelmilch
- 1 Messlöffel Ihres bevorzugten Proteinpulvers
- ½ reife Avocados
- 1 Tasse frischer Blattspinat
- 1 Esslöffel Mandelbutter (ungesüßt)

- ½ Teelöffel Vanilleextrakt
- Eiswürfel (optional, für die gewünschte Dicke)
- Süßstoff (optional, nach Geschmack; verwenden Sie einen Zuckerersatz wie Stevia oder Erythritol)

Vorbereiten:
1. Für ein geschmeidigeres Mixerlebnis können Sie vorgekühlte Mandelmilch verwenden oder Eiswürfel hinzufügen. Geben Sie die ungesüßte Mandelmilch als Basis in Ihren Mixer.
2. Werfen Sie die frischen Spinatblätter hinein. Diese nährstoffreichen Blätter geben dem Smoothie eine gesunde Dosis an Farbe und Nährstoffen. Schöpfen Sie die reife Avocado aus und geben Sie sie in den Mixer. Die Avocado macht den Smoothie cremig und liefert gesunde Fette.
3. Fügen Sie einen Messlöffel des Proteinpulvers Ihrer Wahl hinzu. Dies fügt dem Smoothie wichtige Proteine hinzu und hält Sie länger satt. Löffeln Sie die Mandelbutter. Sie verleiht dem Smoothie einen herrlich nussigen Geschmack und eine Extraportion gesunder Fette und Proteine.
4. Reine Vanilleessenz hebt das Geschmacksprofil an. Eine kleine Menge reicht aus, um Ihren Smoothie ohne Zuckerzusatz süßer zu machen. Je nach Vorliebe können Sie die Süße durch die Zugabe von Stevia oder Erythritol anpassen. Denken Sie daran, dass die reife Avocado und das Proteinpulver bereits für eine gewisse Süße sorgen können.
5. Schließen Sie den Deckel des Mixers, und mixen Sie alles, bis es cremig und glatt ist. Sie können die Dicke durch Zugabe von Eiswürfeln anpassen, falls gewünscht.
6. Prüfen Sie die Süße und Dicke Ihres grünen Smoothies mit einem Schluck vor dem Servieren. Wenn Sie einen dünneren Smoothie bevorzugen, füllen Sie Ihren gesunden grünen Smoothie in ein Glas oder einen tragbaren Becher um. Er eignet sich perfekt für ein schnelles Frühstück an einem stressigen Morgen, zum Auftanken nach dem Training oder als gesunder Snack zu jeder Tageszeit.

22. Beeren-Streusel-Pudding

Was wir brauchen:
Für die Füllung:
- 4 Tassen gemischte Beeren
- ¼ Tasse Honig
- Vanilleextrakt 1 Teelöffel
- Zitronensaft 1 Esslöffel
- 1 Esslöffel Mandelmehl (zum Andicken)

Für den Belag:
- ½ Tasse ungesüßte Kokosnussraspeln

- 1 Tasse Mandelmehl
- ½ Tasse gehackte Nüsse
- ¼ Tasse granuliertes Erythrit oder Süßstoff Ihrer Wahl
- ½ Teelöffel Zimt
- 1/4 Teelöffel Salz
- ½ Tasse Butter
- 1 Teelöffel Vanilleextrakt

Vorbereiten:
1. Mandelmehl, Zitronensaft, Vanilleessenz, Erythritgranulat und gemischte Beeren in einer großen Schüssel vermischen. Um die Beeren gleichmäßig zu verteilen, vorsichtig umrühren.
2. Die Beerenmischung in eine gefettete Auflaufform geben und gleichmäßig verteilen.
3. In einer separaten Schüssel Mandelmehl, Mandeln, Erythritgranulat, Salz, Zimt und ungesüßte Kokosraspeln verquirlen.
4. Die trockenen Zutaten mit der geschmolzenen Butter oder dem Kokosöl und dem Vanilleextrakt vermischen. Kneten, bis der Teig krümelig und vollständig vermischt ist.
5. Den Streuselbelag gleichmäßig über die Beerenmischung in der Auflaufform verteilen.
6. Nach dem Vorheizen des Ofens die Auflaufform hineinstellen und 25 bis 30 Minuten backen, bis die Beeren blubbern und der Belag goldbraun ist.
7. Den Beerenstreuselpudding aus dem Ofen nehmen und vor dem Servieren etwas abkühlen lassen.

23. Chewy Dattel-Apfel-Riegel

Was wir brauchen:
- Zweieinhalb Tassen für die gesamte Dattelreihe
- 1 Tasse getrocknete Äpfel
- Pekannüsse, geröstet (½ Tasse)
- Haferflocken (½ Tasse)
- Gemahlener Zimt (¼ Teelöffel)

Vorbereiten:
1. Die Mikrowelle zum Vorheizen herunterfahren.
2. Geben Sie die ersten drei Zutaten in einen Mixer und mixen Sie sie, bis das Blattgut fein zerkleinert ist.
3. Haferflocken und Zimt hinzugeben; 8 bis mehrmals schlagen, damit die Haferflocken aufgespalten werden. In einen leicht geölten 9 x 5-Zoll-Portionsbehälter geben und mit einer Saran-Abdeckung zu einer gleichmäßigen Schicht zusammenpressen.
4. 15 Minuten bei 350°F erhitzen. In einer Schüssel auf einem Gitter vollständig abkühlen lassen. Dann in 12 Riegel schneiden.

24. Frühstücks-Hackbraten

Was wir brauchen:
- Ein Pfund Schweinehackfleisch
- Ein Teelöffel Paprika
- Zwei Eier
- 2 Tassen gehackte Zwiebel
- ½ Tasse Mandelmehl
- Ein Esslöffel Kokosnussöl
- Ein Esslöffel Knoblauchpaste
- Ein Pfund Putenhackfleisch
- Sechs Teelöffel italienisches Gewürz
- Zwei Teelöffel rote Paprikaflocken
- Verwenden Sie Salz und Pfeffer.

Vorbereiten:
1. Öl in eine Pfanne geben und auf niedriger bis mittlerer Temperatur erhitzen.
2. Wenn sie warm ist, mischen Sie die Zwiebel und erhitzen Sie sie, bis sie glasig ist.
3. Nimm es aus der Flamme.
4. Mandelmehl, Eier und Gewürze in einer Schüssel vermischen und umrühren.
5. Das Fleisch und die Zwiebeln hinzufügen und mit sauberen Händen vermengen.
6. Zu einem Laib formen.
7. Fetten Sie Ihren Schongarer mit einem Spray auf Kokosölbasis ein.
8. Legen Sie den Laib in den langsamen Kocher und achten Sie darauf, dass zwischen dem Fleisch und den Seiten des Kochers mindestens ein halber Zoll Platz ist und dass die Oberseite des Laibs flach ist.
9. In der Nähe des Deckels der Pfanne.
10. Auf höchster Stufe 180 Minuten lang erhitzen, so dass das Fleisch 150 Grad erreicht.
11. Wenn Sie möchten, dass der Laib fest und nicht bröckelig wird, lassen Sie ihn nach dem Garen 15-30 Minuten im ausgeschalteten Herd bei abgenommenem Deckel ruhen.
12. Essen Sie!

25. Gemischtes Gemüse-Omelett

Was wir brauchen:
- Sechs ganze Eier
- Vier Eiweiß
- ½ Tasse Mandelmilch (ungesüßt)
- Ein Teelöffel italienisches Gewürz
- Ein Becher frischer Grünkohl

- 12 Tassen gehackte Zwiebel
- Ein Teelöffel Knoblauchpaste
- ½ Tasse gehackte Zucchini
- Ein Becher rote Paprika
- Pfeffer und Salz nach Bedarf verwenden.

Vorbereiten:
1. In einer Schüssel die Eier, das Eiweiß, die Milch und die Gewürze vermischen.
2. Gemüse einschließen.
3. Den Slow Cooker mit Kokosölspray einfetten.
4. Das Omelett in den Kochtopf geben.
5. In der Nähe des Deckels der Pfanne.
6. Bei hoher Temperatur 90 Minuten lang kochen. Wenn er noch nicht fest ist, weitere 25 Minuten kochen.
7. Heiß servieren!

26. Käse-Eier, Speck und Blumenkohl-Haschee

Was wir brauchen:
- ½ Blumenkohlkopf
- Zwei Eier
- Zwei Scheiben Speck
- Ein halber Teelöffel Knoblauchpaste
- 1 Tasse Wasser
- ½ Tasse Cheddar-Käse
- ½ Esslöffel gehackter Schnittlauch
- Ein halber Teelöffel Zwiebelpulver
- Ein Spritzer Schlagsahne
- Nach Bedarf salzen.
- Verwenden Sie zum Testen schwarzen Pfeffer.

Vorbereiten:
1. Den Blumenkohl in Röschen zerteilen.
2. Die Eier in eine Auflaufform schlagen und mit der Sahne, etwas Pfeffer und Salz vermischen.
3. Füllen Sie Wasser in Ihren Schnellkochtopf und setzen Sie einen Dämpfeinsatz ein.

27. Pochierter Lachs

Was wir brauchen:

- 2 Unzen Wasser
- 1 Esslöffel eines trockenen Weißweins
- Ein Lorbeerblatt
- Ein schlankes Stück von allem:
- -Schalotte -Zitrone
- 1 Feinunze von jedem:
- Schwarze Pfefferkörner mit Salz nach koscherer Art
- 5-6 Zweige frischer Kräuter (z. B. Dill, Estragon und andere ähnliche Kräuter)
- 2 lb. Lachs mit Haut oder 4-6 Filets
- Bestandteile der Garnitur
- Mehr Salz
- Schwarzer Pfeffer, der gerade frisch geknackt wurde
- Pflanzliches Öl
- Zitronenspalten

Vorbereiten:

1. Der Inhalt des langsamen Kochers sollte Wein, Wasser, ein Lorbeerblatt, Schalotten, Salz, Pfefferkörner und Kräuter enthalten. Fünfundzwanzig Minuten auf höchster Stufe zubereiten.
2. Die Spitze des Fisches mit Salz und Pfeffer bestreuen. Legen Sie ihn mit der Haut nach unten in den Kocher.
3. Den Deckel auflegen und 45 Minuten dämpfen, dabei prüfen, ob er gar ist. Wenn er nicht gar ist, bis er undurchsichtig ist, eventuell bis zu einer Stunde weiterdämpfen.
4. Wenn Sie die Einstellung "warm" wählen, ist sie für einige Stunden geeignet. Öl und andere Beilagen sollten über das Gericht geträufelt werden.
5. Viel Spaß!

28. Hüttenkäse mit Nussmischung

Was wir brauchen:

- ½ Tasse Hüttenkäse (vollfett oder fettarm, je nach Vorliebe)
- ¼ Tasse gemischte Nüsse (z. B. Mandeln, Walnüsse und Pekannüsse), grob zerkleinert
- ½ Teelöffel Honig (optional, für einen Hauch von Süße)
- Frische Beeren (z. B. Erdbeeren, Heidelbeeren oder Himbeeren) zum Garnieren (optional)

Vorbereiten:

1. Stellen Sie sicher, dass Sie alle Zutaten für Ihren Hüttenkäse mit Nüssen bereithalten. Schöpfen Sie die gewünschte Menge Hüttenkäse aus und geben Sie sie in eine Schüssel.
2. Die Nusssorte Ihrer Wahl grob hacken. Mandeln, Walnüsse und Pekannüsse passen wunderbar zusammen und ergeben eine Mischung aus Textur und Geschmack. Streuen Sie die gehackten Nüsse über den Hüttenkäse.
3. Wenn Sie einen Hauch von Süße wünschen, geben Sie Honig über die Hüttenkäse-Nuss-Mischung. Sie können es so würzig oder mild machen, wie Sie möchten, oder es ganz weglassen, wenn Sie ein herzhaftes Gericht wünschen.
4. Streuen Sie einige frische Beeren darüber, um einen zusätzlichen Farbtupfer, Geschmack und Nährstoffe zu erhalten. Erdbeeren, Blaubeeren und Himbeeren ergänzen die Cremigkeit des Hüttenkäses und die Knackigkeit der Nüsse.
5. Ihr Hüttenkäse mit Nussmischung ist fertig zum Genießen. Jeder Löffel vereint die cremige Reichhaltigkeit von Hüttenkäse mit dem sättigenden Knacken gemischter Nüsse und der dezenten Süße von Honig (falls verwendet). Frische Beeren sorgen für ein köstliches Gleichgewicht aus Säure und saftiger Süße.
6. Seien Sie kreativ mit Ihrem Hüttenkäse-Nuss-Medley. Experimentieren Sie mit verschiedenen Nusssorten, passen Sie den Süßegrad an oder probieren Sie verschiedene Kombinationen von frischen Früchten aus.

29. Gemüse Korma

Was wir brauchen:
- Röschen von einem ganzen Blumenkohlkopf
- 3/4 Esslöffel vollfette Kokosmilch aus einer 10-Unzen-Dose
- 2 Tassen Bohnen, die gerieben wurden
- Es wurden ½ gehackte Zwiebeln verwendet.
- Zwei gehackte Knoblauchzehen
- Nach Bedarf können Pfeffer und Salz verwendet werden.
- Currypulver in der Menge von zwei Teelöffeln
- Kokosnussmehl in der Menge von zwei Teelöffeln
- Ein Teelöffel Garam Masala

Vorbereiten:

1. Geben Sie die verschiedenen Gemüsesorten in den langsamen Kocher.
2. Die Zutaten mit der Kokosnussmilch vermengen.
3. Die Mischung in den langsamen Kocher geben.
4. Das Kokosmehl darüber streuen und alles gut vermischen.
5. In unmittelbarer Nähe des Deckels der Pfanne.
6. Für eine gewisse Zeit auf Dampf stellen.

7. Probieren Sie es aus, und würzen Sie bei Bedarf nach.
8. Aufschlagen!

30. Zucchini-Suppe

Was wir brauchen:
- Es sollten 3 Tassen Gemüsebrühe vorhanden sein.
- 2 kg Zucchini, die in Stücke geschnitten wurden
- Zwei gehackte Knoblauchzehen
- 1 und ein halber Esslöffel gehackte Zwiebel 14 Esslöffel Basilikumblätter
- ½ Milliliter Pflanzenöl
- Nach Bedarf können Pfeffer und Salz verwendet werden.

Vorbereiten:
1. Nehmen Sie einen Topf und erhitzen Sie das Pflanzenöl bei mittlerer bis niedriger Hitze.
2. Knoblauch und Zwiebel im erhitzten Kochtopf etwa fünf Minuten lang anbraten.
3. Die restlichen Komponenten sollten dann in Ihr Heizgerät gegossen werden.
4. In unmittelbarer Nähe des Deckels der Pfanne.
5. Die Zubereitung erfolgt über einen Zeitraum von zwei Stunden bei niedriger Temperatur.
6. Nach Ablauf der Zeit die Suppe mit einem Stabmixer schrittweise pürieren.
7. Schmecken Sie sie ab und würzen Sie sie ggf. mit mehr Pfeffer und Salz.

MITTAGESSEN

31. Gegrilltes Huhn und Avocado-Salat

Was wir brauchen:

Für den Salat:
- 3 Hühnerbrüste ohne Haut, ohne Knochen
- 6 Tassen gemischte Blätter: Spinat, Rucola, oder Ihr Lieblingsblattsalat
- 1 reife, klein geschnittene Avocado
- ½ gehackte Gurke
- 1 Tasse halbierte Tomaten
- ¼ dünn gehackte Zwiebel
- Pflanzliches Öl zum Grillen
- Salz nach Geschmack

Für das Salatdressing:
- 4 Esslöffel Pflanzenöl
- 1 Esslöffel Balsamico-Essig

- Pfeffer nach Geschmack
- 1 zerdrückte Knoblauchzehe
- 1 Teelöffel Dijon-Senf
- Salz nach Geschmack

Vorbereiten:
1. Stellen Sie die Temperatur im Ofen zwischen hoch und mittel ein. Die Brüste mit Aroma und Öl, schwarzem Pfeffer und Salz würzen.
2. Das Fleisch in den vorgeheizten Ofen schieben. Auf jeder Seite etwa sechs bis sieben Minuten backen. Die Backzeit kann variieren, da sie von der Dicke des Hähnchens abhängt.
3. Nehmen Sie das Fleisch vom Grill und lassen Sie es einige Augenblicke abkühlen, damit sich die Feuchtigkeit wieder verteilt. Dann das gegrillte Hähnchen in dünne Streifen schneiden.
4. Stellen Sie eine große Salatschüssel auf; mischen Sie das gemischte Grünzeug, die gehackte Avocado, die Gurke, die Tomaten und die Zwiebel. Nehmen Sie eine Schüssel und verquirlen Sie alle Zutaten - Senf, Pflanzenöl, Pfeffer, Salz, Essig und Knoblauch - zu einem Dressing.
5. Streuen Sie den Salat über den Mixer und mischen Sie ihn vorsichtig, damit sich die Zutaten gleichmäßig verteilen. Organisieren Sie das gehackte Hähnchen, das auf dem Avocado-Salat gegrillt wird.
6. Das gegrillte Hähnchen und den Avocadosalat auf Servierteller verteilen.
7. Viel Spaß!

32. Schusterjunge mit Hühnerbratensoße

Was wir brauchen:
- 2 Esslöffel Ghee oder ungesalzene Butter (oder, falls milchfrei, Kokosnussöl);
- 1½ Tassen Champignons, in Stücke geschnitten
- ¼ Tasse Zwiebelstücke, gewürfelt
- 2 Sellerierippen, in dünne Scheiben geschnitten und nochmals in Scheiben geschnitten
- 1 Tasse in Scheiben geschnittener Spargel
- 1 Teelöffel feinkörniges Salz aus dem Meer
- Gemahlener dunkler Pfeffer in der Menge von 12 Esslöffeln
- 4 Unzen Frischkäse für die 12 Portionen
- 3/4 Tassen Hühnerknochensaft, Scones, die entweder vor Ort hergestellt oder in einem Geschäft gekauft wurden.
- 4 sehr großes Eiweiß
- 1 Tasse Mandelmehl, das geweißt wurde
- 1 Teelöffel des zum Erhitzen verwendeten Pulvers

- ¼ Milligramm sehr feines Meersalz
- 3 Esslöffel tiefgekühlte Margarine (oder Schmalz, falls milchfrei), in kleine Stücke geschnitten Thymian, frisch und zum Schneiden verwendet
- Geschmolzenes Ghee, das als Brotaufstrich oder zum Baden verwendet wird

Vorbereiten:
1. Bei 400 Grad grillen. In einer gusseisernen Pfanne bei mittlerer Hitze das Ghee erhitzen. Champignons und Zwiebeln anbraten, bis sie dunkler sind, dann Sellerie und Spargel drei Minuten weiterbraten.
2. Die in Scheiben geschnittene Hähnchenbrust von beiden Seiten pfeffern und salzen. Das Hähnchen in einer Pfanne anbraten und braten. Es sollte nicht ganz durchgebraten sein. Den Frischkäse in der Pfanne verrühren, bis keine Klumpen mehr vorhanden sind. Geben Sie die Brühe zügig, aber vorsichtig ein. Nach der Aufbewahrung mit der Zubereitung der Scones für die Fixierung beginnen.
3. Schlagen Sie zunächst das Eiweiß in einer Rührschüssel zu festem Eischnee. Das Mehl, das Salz und das Mandelmehl in einem ähnlich großen Behälter mischen.
4. Danach den Aufstrich untermischen. (Die Scones werden nicht gelingen, wenn der Aufstrich nicht gekühlt wird.) Die Mehlmischung vorsichtig auf dem Eiweiß verteilen. Mit einem großen Löffel oder einem Frozen-Yogurt-Schöpfer den Teig auskratzen und zu 5 cm dicken Scones formen. Margarineklumpen aufbewahren.
5. Die Brötchen mit der Mischung in der Pfanne vermischen. 12-15 Minuten zubereiten, bis die Brötchen schwarz genug sind. Thymian und geschmolzene Butter dazugeben. In wasser- oder luftdichten Behältern lässt sich die Masse im Kühlschrank drei Tage lang aufbewahren. Es sollte in einer Schüssel gut durchgebraten werden.

33. Deviled Egg mit eingelegten Jalapenos

Was wir brauchen:
- Canola-Mayonnaise (¼ Tasse)
- Jalapeno-Paprikaringe (2 Esslöffel)
- 1 Esslöffel kreolischer Senf
- 1 Teelöffel Sriracha (scharfe Bohneneintopfsauce)
- Gemahlener dunkler Pfeffer (¼ Teelöffel)
- 4 hartgekochte riesige Eier, geschält
- 4 Blätter Bostoner Kopfsalat
- 2 Esslöffel geschnittene grüne Zwiebelspitzen

Vorbereiten:
1. Geben Sie die ersten fünf Zutaten in eine Schüssel.
2. Die Eier in der Mitte durchschneiden und das Eigelb herausdrücken. Das Eiweiß in feine Streifen schneiden; das Eigelb mit einem Löffelrücken durch ein Sieb drücken.

3. Das Ei zart mit der Mayonnaisemischung bestreichen. Auf jedes Salatblatt etwa 14 Tassen gemischtes Grünzeug und 112 Teelöffel grüne Zwiebelspitzen geben.

34. Pesto-Kräuter-Schweinekoteletts

Was wir brauchen:
- Semmelbrösel (½ Tasse)
- (3-Unzen) Koteletts vom Schweinefilet
- Pflanzenöl (1 Esslöffel)
- Kräuterpesto (8 Teelöffel)

Vorbereiten:
1. Den Ofen vorbereiten und ein Backblech mit Pergamentpapier oder Folie auslegen.
2. Geben Sie die Brotkrümel in eine kleine Schüssel und verteilen Sie sie gleichmäßig.
3. Jedes Kotelett in den Semmelbröseln wälzen, damit es auf beiden Seiten gleichmäßig paniert ist. Überschüssige Krümel durch Schütteln entfernen.
4. In einer großen, erhitzten Pfanne das Pflanzenöl auf die gewünschte Temperatur bringen.
5. Die panierten Schweinekoteletts müssen etwa drei bis vier Minuten auf beiden Seiten gebraten werden, damit sie eine goldbraune Farbe bekommen.
6. Die Schweinekoteletts in einer bestimmten Schicht auf einem Stück Backpapier anordnen und den Garvorgang im Ofen beenden.
7. Die Oberseite jedes Schweinekoteletts mit zwei Teelöffeln des Kräuterpestos bestreichen und beiseite stellen.
8. Die Koteletts in den vorbereiteten Backofen schieben und etwa 12 bis 15 Minuten braten, damit sie sich gut zum Essen eignen.
9. Die Schweinekoteletts sind fertig, wenn sie aus dem erhitzten Ofen genommen werden und vor dem Servieren kurz abkühlen.
10. Erwärmen Sie die Kräuterpesto-Schweinekoteletts und servieren Sie sie nach Belieben mit gebratenem Gemüse, Kartoffelpüree oder einem frischen Salat.

35. Beef Stir-up

Was wir brauchen:
- Mageres Rinderhackfleisch (½ Pfund)
- Geschredderter Weißkohl (½ Tasse)
- Kräuterpesto (¼ Tasse)
- 6 Hamburgerbrötchen
- Süße Zwiebel (½ Tasse)

Vorbereiten:

1. Öl in einem großen Kochtopf bei mittlerer Hitze erwärmen.
2. Eine süße Zwiebel in Scheiben schneiden und in der Pfanne anbraten, bis sie glasig und karamellisiert ist.
3. Die Zwiebeln sollten auf die eine Seite der Pfanne gelegt werden, das Hackfleisch auf die andere.
4. Um sicherzustellen, dass das Hackfleisch gut durchgebraten ist, braten Sie es in einer Pfanne an und zerkleinern es dabei mit einem Löffel.
5. Der zerkleinerte Kohl sollte zusammen mit dem Hackfleisch und den Zwiebeln in die Pfanne gegeben werden. Noch zwei bis drei Minuten kochen lassen, damit der Kohl ein wenig welk wird.
6. Die Flamme auf niedrige Stufe stellen und das Kräuterpesto einrühren. Das Pesto sollte gut mit dem Steak und dem Kohl vermischt sein.
7. Lassen Sie es einige Minuten dämpfen, damit sich die Aromen verbinden können.
8. Während die Rindfleischmischung gart, die Brötchen im Ofen rösten, bis sie goldbraun und knusprig sind.
9. Schalten Sie den Herd aus, wenn die Fleischkombination den von Ihnen gewünschten Gargrad erreicht hat.
10. Zum Anrichten die unteren Hälften der getoasteten Hamburgerbrötchen mit Mayonnaise bestreichen und dann einen gehäuften Löffel der Rindfleisch-Kohl-Mischung darauf geben.
11. Die oberen Brötchenhälften auf den Deckel der Rindfleischmischung legen.
12. Der Rindereintopf kann sofort als schmackhaftes und sättigendes Abendessen serviert werden.

36. Adobo-Huhn

Was wir brauchen:

- 1 Pfund Huhn
- Zwei Esslöffel Adobosauce
- 1 Esslöffel Mehl
- 0,75 Tassen Cheddar
- 0,5 Tassen Salsa
- 1 Esslöffel Butter
- 0,5 Tassen Milch

Vorbereiten:

1. Adobo und Salsa mischen.
2. In den Schnellkochtopf geben.
3. Huhn hinzufügen.

4. Insgesamt acht Stunden auf niedriger Stufe kochen.
5. Das Huhn in Stücke reißen.
6. In einem separaten Kochtopf die Butter erhitzen.
7. Mehl mischen.
8. Milch einrühren.
9. Umrühren, bis keine Klumpen mehr vorhanden sind.
10. 10: Den Käse unter Rühren untermischen.
11. Weiterrühren, bis eine dicke Paste entsteht.
12. Die Mischung in den langsamen Kocher geben.
13. Lassen Sie den Aromen etwas Zeit, sich zu verbinden.

37. Rindfleisch-Brot

Was wir brauchen:
- Mageres Rinderhackfleisch (1 Pfund)
- Weißer Essig
- Semmelbrösel (½ Tasse)
- Ein großes Ei
- Gehacktes Basilikum (2 Esslöffel)
- ½ Tasse süße Zwiebel
- 1 Teelöffel gewürfelter Thymian
- Knoblauchpaste
- 1 Teelöffel gehackte Petersilie
- ¼ Teelöffel schwarzer Pfeffer
- Brauner Zucker

Vorbereiten:
1. Eine Brotbackform mit Butter einsprühen oder einölen und im Ofen vorheizen, bis die Temperatur 350 Grad Fahrenheit (175 Grad Celsius) erreicht.
2. Das Hackfleisch, die Semmelbrösel, das Ei, den weißen Essig, den Thymian, die Petersilie, den schwarzen Pfeffer und die Knoblauchpaste in einer großen Schüssel vermischen.
3. Verteilen Sie die Gewürze gleichmäßig im Fleisch, indem Sie entweder Ihre sauberen Hände oder einen Löffel benutzen, um alles gut zu vermischen.
4. Aus der Fleischmischung einen Laib formen und in die erhitzte Laibform legen.
5. Um den Hackbraten während des Backens ein wenig zu süßen, streuen Sie eine dünne Schicht braunen Zucker über den Hackbraten.
6. Braten Sie den Hackbraten dreißig bis fünfunddreißig Minuten lang bei der gemessenen Temperatur.

7. Den Hackbraten einige Minuten nach dem Herausnehmen aus dem Ofen in Scheiben schneiden und servieren.
8. Wärmen Sie die leckeren Hackbratenstücke auf und servieren Sie sie mit Ihren Lieblingsgerichten und einem gesunden Salat oder Kartoffelpüree.
9. Genießen Sie den herzhaften Geschmack dieses Hackbratens mit magerem Rinderhackfleisch, duftenden Kräutern und braunem Zucker als Belag.

38. Knuspriges Hähnchen

Was wir brauchen:
- Eine halbe Tasse Avocadoöl
- ½ Tasse Country-Dressing - selbst gemacht oder im Laden gekauft
- 3 Esslöffel Kokosnuss-Aminos
- 1 Esslöffel gehackter Knoblauch
- Kokosnuss-Essig
- Zitronensaft
- 1 Teelöffel gemahlener dunkler Pfeffer
- 4 Stück Hühnerbrust ohne Haut und Knochen
- 2 Esslöffel Kokosnuss- oder Avocadoöl für die Parmesansauce
- ½ Tasse Country-Dressing - hausgemacht
- ¼ Tasse gemahlener Parmesan Cheddar Parmesan schlagen
- ½ Tasse Schweinestaub (oder geweißtes Mandelmehl, falls empfindlich) 1/3 Tasse gemahlener Parmesan Cheddar
- Ungesalzene Margarine und aufgelöstes Knoblauchsalz
- Geschmolzener Provolone-Cheddar

Vorbereiten:
1. Die Zutaten in einer flachen Schale marinieren. Hähnchenschenkel mit Vlies mischen. Ausbreiten und eine Stunde lang im Kühlschrank marinieren.
2. Heizen Sie die Mikrowelle vor. Die Marinade wegwerfen, das Fleisch ohne Wasser leicht klopfen und dann alle Seiten mit Pfeffer, Salz und Gewürzen würzen.
3. Einen Herd auf mittlere bis hohe Hitze stellen und das Fleisch drei Minuten in Kokosnussöl frittieren. Wenden und erhitzen, bis es gar ist.
4. Parmesan-Sauce zubereiten: ½ Tasse Farm-Dressing und ¼ Tasse Parmesan in einer Schüssel mischen.
5. In einer anderen kleinen Schüssel Schweinefleischstaub, 1/3 Tasse Parmesan, verflüssigte Margarine und Knoblauchsalz für den Parmesan vermengen. Gut vermischen.

6. Das Hähnchen in der Pfanne mit Parmesansauce bestreichen, mit Provolone-Cheddar belegen und dann mit Parmesan bestreuen. Nach dem Anbraten für vier Minuten auf den Herd stellen, damit der Cheddar schmilzt und die Bestreuung dunkel wird.
7. Lagern Sie zusätzliche Produkte 3 Tage lang in einem luftdicht verschlossenen Eisfach.

39. Persisches Huhn

Was wir brauchen:
- 5 Hähnchenschenkel, ohne Knochen
- Gemahlener Kreuzkümmel (½ Teelöffel)
- ½ süße Zwiebeln
- Oregano (1 Esslöffel)
- 1 Teelöffel Knoblauch
- Ausgepresster Zitronensaft (¼ Tasse)
- Paprika süß (1 Teelöffel)
- Pflanzliches Öl

Vorbereiten:
1. Gemahlener Kreuzkümmel, gehackte süße Zwiebel, getrockneter Oregano, gehackter Knoblauch, Zitronensaft, Öl, Salz, süßes Paprikapulver und schwarzer Pfeffer sollten in einer Schüssel vermischt werden. Marinieren Sie das Huhn, indem Sie die Zutaten gründlich vermischen.
2. Die entbeinten Hähnchenschenkel sollten in eine verschließbare Schale gelegt werden.
3. Achten Sie darauf, dass jedes Stück Huhn mit der Marinade übergossen wird. Damit sich die Marinade gut verteilt, sollten Sie sie in das Huhn einmassieren.
4. Das Huhn mindestens zwei Stunden lang zugedeckt in den Kühlschrank stellen, damit es mariniert und die Gewürze aufsaugt.
5. Bereiten Sie einen Backofen vor, indem Sie ihn auf hohe bis mittlere Stufe vorheizen.
6. Das Fleisch aus dem Wasserbad nehmen und die überschüssige Flüssigkeit abtropfen lassen.
7. Backen Sie das Hähnchen etwa fünf bis sechs Minuten pro Seite.
8. Damit die Feuchtigkeit und die Schale möglichst lange erhalten bleiben, sollten Sie das Huhn während des Backens mit dem Einweichwasser einstechen.
9. Sobald die Hähnchenschenkel fertig gegrillt sind, nehmen Sie sie auf ein Tablett und lassen sie zwei Minuten lang abkühlen, bevor Sie sie genießen. Safranreis, gebackenes Gemüse oder ein knackiger Salat passen gut zu dem besonderen persischen Hähnchen.
10. Frische Kräuter wie Petersilie sorgen für eine optisch ansprechende und geschmackvolle Beilage. Das zarte und saftige Spezial-Persische Huhn strotzt nur so vor Geschmack und Duft.

40. Besondere Nudeln

Was wir brauchen:
- Ein Viertelpfund trockene Soba-Nudeln
- Nuss-Sesam-Sauce
- 1/3 Tasse julienne geschnittene Einlegegurke
- ¼ Tasse in Stifte geschnittene Karotten
- Zwei Teelöffel grüne Zwiebeln, die zuvor in Scheiben geschnitten wurden
- 1 Teelöffel Sesamsamen (optional), falls gewünscht.

Vorbereiten:
1. Befolgen Sie die Anweisungen auf der Packung, um die Soba-Nudeln zu kochen.
2. Während die Nudeln kochen, kann die Erdnuss-Sesam-Sauce zubereitet werden.
3. Die Nudeln abgießen und in lauwarmem Wasser waschen, während sie ablaufen. Die Nudeln, Karotten, Gurken und Frühlingszwiebeln in eine mittelgroße Schüssel geben und vermischen. Etwas Erdnuss-Sesam-Sauce darüber träufeln und dann alles vorsichtig durchschwenken.
4. Er kann bei Zimmertemperatur serviert werden oder ausgestrichen und gekühlt. Wenn Sie möchten, können Sie ihn mit Sesamkörnern verfeinern.

41. Gebratener Reis mit Blumenkohl

Was wir brauchen:
- 2 Tassen mittelgroßer Blumenkohlköpfe, in Flocken geschnitten
- 2 Esslöffel Sesamöl
- 1 fein gehackte Zwiebel
- 3 gehackte Knoblauchzehen
- 1 kleine Karotte, in dünne Scheiben geschnitten
- ½ Tasse gefrorene Erbsen
- 2 große, geschlagene Eier
- 3 Esslöffel Sojasauce
- ½ Teelöffel gemahlener Ingwer
- Schwarzer Pfeffer und Salz nach Geschmack
- In Scheiben geschnittene grüne Zwiebeln
- Sesamsamen (optional, zum Garnieren)

Vorbereiten:
1. Den Blumenkohlkopf waschen und gründlich trocknen. Schneiden Sie ihn in Röschen. Den Blumenkohl in einem Kochtopf anbraten, bis er gut mit dem Reis vermischt ist. Es soll eine reisähnliche Konsistenz entstehen, kein Püree, also nicht zu lange kochen.

2. Das Öl in einem Kochtopf bei starker Hitze erwärmen. Den Knoblauch mit den Zwiebeln mischen. Zwei bis drei Minuten rühren und warten, bis sie duften und glasig werden.
3. Die feingeschnittene Karotte mit den gefrorenen Erbsen unterheben. Noch ein paar Minuten weiterbraten, bis das Gemüse anfängt, weich zu werden. Das gebratene Gemüse auf eine Seite des Kochers schieben, so dass ein freier Raum entsteht.
4. Die verquirlten Eier in die freie Stelle gießen. Die Eier mit einem Spatel verrühren, so dass sie durchgebraten, aber noch ein wenig feucht sind. Dies sollte etwa 2 Minuten dauern.
5. Das Rührei mit dem gebratenen Gemüse mischen. Den Reis im Kocher mischen. Das restliche Sesamöl über den Blumenkohlreis geben.
6. Würzen Sie die Mischung mit schwarzem Pfeffer, Sojasauce, Salz und gemahlenem Ingwer. Alles gründlich miteinander verrühren.
7. Den Blumenkohlreis fünf bis sieben Minuten lang unter unregelmäßigen Bewegungen kochen, wobei der Reis etwas zart, aber nicht breiig werden sollte.
8. Den Herd von der Flamme nehmen, sobald der Blumenkohlreis die gewünschte Konsistenz erreicht hat. Wenn Sie möchten, können Sie noch einige gehackte Zwiebeln und geröstete Sesamsamen darüber streuen.
9. Viel Spaß!

42. Blumenkohl-Brokkoli-Suppe

Was wir brauchen:
- 1 Kopf Blumenkohl, in Stücke geschnitten
- 1 Kopf Brokkoli, in Stücke geschnitten
- 1 kleine gehackte Zwiebel
- 2 gehackte Knoblauchzehen
- 4 Tassen Gemüse- oder Hühnerbrühe
- ½ Tasse Schlagsahne
- 2 Esslöffel Pflanzenöl
- Schwarzer Pfeffer und Salz nach Geschmack
- Frischer Schnittlauch oder Petersilie, zum Garnieren (optional)

Vorbereiten:
1. Den Brokkoli und Blumenkohl in kleine Stücke schneiden. Das Pflanzenöl in einem großen Kochtopf bei starker Hitze erhitzen.
2. Das Gemüse zwei bis drei Minuten lang anbraten, so dass es ein duftendes Aroma abgibt und offen und offen wird. Die Blumenkohl- und Brokkoliröschen in den Topf geben, mit den angebratenen Zwiebeln und dem Knoblauch vermengen und zwei bis drei Minuten weiterkochen.

3. Die Hühnersuppe so umfüllen, dass das Gemüse bedeckt ist. Bei Bedarf etwas mehr Brühe hinzufügen, damit das Gemüse bedeckt ist.
4. Rühren Sie die Zutaten bis zum Siedepunkt und schalten Sie dann die Hitze auf Dampf. Der Blumenkohl und der Brokkoli sollten bei geschlossenem Deckel etwa fünfzehn bis zwanzig Minuten gekocht werden, bis sie weich sind und sich leicht mit einer Gabel einstechen lassen.
5. Alles zusammen in einem Mixer pürieren, bis die Suppe eine samtige Konsistenz hat. Wenn Sie einen Mixer verwendet haben, geben Sie die pürierte Suppe zurück in den Kochtopf.
6. Die Sahne einrühren, um die Suppe noch cremiger zu machen. Etwas schwarzen Pfeffer mahlen und mit Salz abschmecken.
7. Die Suppe über dem Siedepunkt erwärmen und von Zeit zu Zeit mit dem Schneebesen rühren, bis sie die gewünschte Temperatur erreicht hat. Achten Sie darauf, dass sie nicht kocht, sobald die Sahne hinzugefügt wird. Die warme Blumenkohl-Brokkoli-Suppe in Suppenteller schöpfen. Wenn Sie möchten, können Sie die Suppe mit gehacktem frischem Schnittlauch garnieren, um ihr mehr Geschmack und Farbe zu verleihen.
8. Servieren Sie diese gemütliche und nahrhafte Suppe als Vorspeise oder leichte Mahlzeit. Sie ist cremig, sättigend und vollgepackt mit den Vorzügen von Blumenkohl und Brokkoli.

43. Gefülltes Gemüse mit Champignons

Was wir brauchen:
- 3 große Paprikaschoten, beliebige Farbe
- 1 Esslöffel Pflanzenöl
- fein gehackt 1 Zwiebel
- 8 Unzen gehackte Champignons
- 2 Tassen frischer, gehackter Spinat
- 2 Tassen Quinoa (gekocht)
- 1 Tasse Mozzarella-Käse
- ½ Teelöffel Oregano
- Pfeffer und Salz, nach Geschmack

Vorbereiten:
1. Die Paprikaschoten in Scheiben schneiden. Die vorbereiteten Paprikaschoten beiseite stellen.
2. Pflanzenöl auf niedriger Stufe in einem Kochtopf erhitzen. Mischen und drehen Sie die Zwiebel für 2-3 Minuten, bis glasig. Knoblauch hinzufügen und köcheln lassen, bis er duftet.

3. Fein gehackte Champignons hinzufügen und anbraten, bis sie getrocknet sind und eine goldbraune Farbe annehmen. Gehackten Spinat hinzugeben und 2-3 Minuten köcheln lassen, bis er verwelkt ist, und mit schwarzem Pfeffer, getrocknetem Oregano und Salz würzen.
4. Wenn Sie Quinoa verwenden, rühren Sie es unter die Pilz- und Spinatmischung. Mischen, bis alles gut vermischt ist.
5. Den geschredderten Mozzarella-Käse untermischen, sobald er geschmolzen ist und die Mischung durch die geschmolzene Konsistenz des Käses zusammengehalten wird. Jede Paprikaschote vorsichtig mit der Kombination aus Pilzen, Spinat und Quinoa (oder Blumenkohlreis) füllen, bis sie komplett gefüllt ist.
6. Wenn Sie möchten, können Sie jeder gefüllten Paprika eine zusätzliche Geschmacksschicht verleihen, indem Sie zerbröckelten Parmesan darüber streuen. Die verpackten Paprikaschoten auf ein Backblech legen. Das Blech sollte mit Alufolie abgedeckt werden. Im vorgeheizten Ofen etwa dreißig bis fünfundzwanzig Minuten backen, bis das gesamte Gemüse weich ist.
7. Die Folie abnehmen und fünf bis zehn Minuten weitergaren, bis die Oberseite leicht gebräunt ist.
8. Servieren.

44. Quiche Lorraine

Was wir brauchen:
- 2 Streifen Speck, gewürfelt
- 3 große Eier
- 3/4 Tasse Cashew-Milch
- 14 Tassen Eiweißpulver (ohne Geschmack)
- 1 Teelöffel zubereitetes Pulver
- 1 Teelöffel feines Meersalz
- 2 Teelöffel gewürfelter neuer Schnittlauch
- ½ Tasse scharfer Cheddar (oder diätetische Hefe, wenn ohne Milchprodukte), isoliert

Vorbereiten:
1. Erhöhen Sie die Temperatur auf der Herdplatte auf 425 Grad Fahrenheit.
2. Den gewürfelten Speck in einen erhitzten Kochtopf geben. Die Flamme auf hohe Hitze stellen und den Speck etwa fünf Minuten lang kochen, damit er frisch ist. Die Hälfte des Specks herausnehmen und das Bratfett in der Pfanne beiseite stellen; den restlichen Speck beiseite stellen.
3. In einem Mixer die Eier, die Cashewmilch, das Proteinpulver, das Heizungspulver und das Salz vermischen. Etwa 1 Minute lang schaumig mixen, dann den Schnittlauch und 14 Tassen Cheddar hinzufügen. Die Mischung in die heiße Pfanne über den Speck leeren.

4. Den Herd umstellen und 10 Minuten lang zubereiten. Vom Herd nehmen und mit mehr Cheddar bestreuen.
5. Weitere 10 Minuten erhitzen, so dass die äußere Schicht bläht und dunkler wird. In Keile schneiden und mit dem geretteten Speck garnieren.
6. Bewahren Sie zusätzliche Artikel in einem luftdicht verschlossenen Fach im Kühlschrank bis zu 3 Tage lang auf.
7. Auf einem mit einem Rand versehenen Blech im Ofen bei 350°F erwärmen, bis sie durchgewärmt sind.

45. Hähnchen Gyros

Was wir brauchen:
- Fünf Zwiebeln
- 2 kg Hühnerbrust in gemahlener Form
- 5 Tassen Semmelbrösel
- Ein und ein Viertel Teelöffel Thymian
- 25 Teelöffel gemahlene Muskatnuss
- Eineinhalb Teelöffel Pflanzenöl
- Drei ganze Knoblauchzehen
- Zwei Eier
- Eine Zitrone
- Die Menge an Zimt entspricht 25 Esslöffeln.
- 12 Fladenbrote

Toppings:
- Griechischer Joghurt mit Tomate, Gurke und Zitrone in seiner einfachen Form

Vorbereiten:
1. Bereiten Sie den Knoblauch und die Zwiebel vor, indem Sie sie verarbeiten.
2. Die oben genannten Zutaten mit den Eiern, der Zitrone, dem Zimt, dem Salz, den Semmelbröseln, dem Thymian und der Muskatnuss vermengen. Gut mischen.
3. Zu einer Kugel rollen.
4. In den langsamen Kocher geben.
5. Pflanzenöl erhitzen.
6. Insgesamt 8 Stunden auf niedriger Stufe kochen.
7. Wenn alles fertig ist, legen Sie es auf ein Fladenbrot und fügen dann die Beläge hinzu.

46. Huhn Satay

Was wir brauchen:
- 2 Limettensaft
- Hähnchenbrust (12 Unzen)
- 2 Esslöffel brauner Zucker
- Kreuzkümmel
- 1 Esslöffel gehackter Knoblauch

Vorbereiten:
1. Limettensaft, braunen Zucker, Kreuzkümmel, Knoblauch, Salz und Pfeffer in einer Schüssel vermischen. Die Zutaten zu einer Marinade verrühren.
2. Die Hähnchenbruststreifen in die Marinade geben und wenden, damit jedes Stück gut bedeckt ist.
3. Damit das Hähnchen seinen Geschmack voll entfalten kann, marinieren Sie es mindestens 30 Minuten lang, am besten über Nacht.
4. Bereiten Sie eine Mikrowelle vor, indem Sie sie auf hoher Stufe erhitzen.
5. Die marinierten Fleischstücke werden auf Spieße gesteckt, die genügend Abstand zueinander haben.
6. Bereiten Sie die Hähnchenspieße vor, indem Sie sie drei bis vier Minuten pro Seite grillen, so dass sie gut durchgebraten sind. Wenn Sie vermeiden wollen, dass die Spieße kleben bleiben oder zerbrechen, sollten Sie sie vorsichtig wenden.
7. Reste der Marinade können verwendet werden, um das Hähnchen während des Grillens zu begießen und ihm so eine zusätzliche Dosis an Geschmack und Feuchtigkeit zu verleihen.
8. Wenn die Spieße fertig gegart sind, nehmen Sie sie aus der Mikrowelle und lassen Sie die Fleischseite ein paar Minuten ruhen.
9. Mit Erdnusssoße oder einer anderen Dip-Soße Ihrer Wahl ist das asiatische Hähnchen-Satay ein vielseitiges Gericht, das sich sowohl als Vorspeise als auch als Hauptgericht eignet.
10. Servieren Sie das Satay mit gedämpftem Reis und einem Salat als Beilage zu einem sättigenden Abendessen.
11. Asiatisches Hähnchen-Satay, mariniert in Limettensaft und aromatisiert mit duftenden Gewürzen, ist zart und schmackhaft.

47. Schweinekoteletts

Was wir brauchen:
- Semmelbrösel (½ Tasse)
- (3-Unzen) Koteletts vom Schweinefilet
- Pflanzenöl (1 Esslöffel)
- Kräuterpesto (8 Teelöffel)

Vorbereiten:
1. Den Ofen vorbereiten und ein Backblech mit Pergamentpapier oder Folie auslegen.
2. Das Paniermehl in eine Schüssel geben und gleichmäßig verteilen.
3. Jedes Kotelett in den Semmelbröseln wälzen, damit es auf beiden Seiten gleichmäßig paniert ist. Überschüssige Krümel durch Schütteln entfernen.
4. In einer großen, erhitzten Pfanne das Pflanzenöl auf die gewünschte Temperatur bringen.
5. Die panierten Schweinekoteletts müssen etwa drei bis vier Minuten auf beiden Seiten gebraten werden, damit sie eine goldbraune Farbe bekommen.
6. Die Schweinekoteletts in einer Schicht auf einem Bogen Backpapier anordnen und den Garvorgang im Ofen beenden.
7. Die Oberseite jedes Schweinekoteletts mit zwei Teelöffeln des Kräuterpestos bestreichen und beiseite stellen.
8. Legen Sie die Koteletts in den vorbereiteten Ofen und dämpfen Sie sie etwa 12 bis 15 Minuten, damit das Fleisch gut durchgebraten ist.
9. Die Schweinekoteletts sind fertig, wenn sie aus der Mikrowelle genommen werden und einige Minuten abkühlen, bevor sie serviert werden.
10. Erwärmen Sie die Kräuterpesto-Schweinekoteletts und servieren Sie sie nach Belieben mit gebratenem Gemüse, Kartoffelpüree oder einem frischen Salat.

48. Hühnerbrot

Was wir brauchen:
- Huhn (2 Pfund)
- Weißer Essig
- Semmelbrösel (½ Tasse)
- Ein großes Ei
- Gehacktes Basilikum (2 Esslöffel)
- Süße Zwiebel (½ Tasse)
- Thymian (1 Teelöffel)
- Knoblauchpaste
- Gehackte Petersilie (2 Teelöffel)

- ¼ Teelöffel schwarzer Pfeffer
- Brauner Zucker

Vorbereiten:
1. Nachdem Sie eine Brotbackform mit Butter besprüht oder eingeölt haben, heizen Sie den Ofen vor.
2. Gehacktes Hühnerfleisch, Semmelbrösel, Ei, Weißweinessig, Thymian, Petersilie, Knoblauchpaste und schwarzen Pfeffer in einer Schüssel vermengen.
3. Mit einem Löffel alles gut vermengen.
4. Aus der Fleischmischung einen Laib formen und in die erhitzte Laibform legen.
5. Um den Hackbraten während des Backens ein wenig zu süßen, streuen Sie eine dünne Schicht braunen Zucker über die Oberseite des Hackbratens.
6. Den Hackbraten 50 bis 60 Minuten lang backen, damit er eine goldbraune Farbe bekommt.
7. Den Hackbraten einige Minuten nach dem Herausnehmen aus dem Ofen in Scheiben schneiden und servieren.
8. Wärmen Sie die leckeren Hackbratenstücke auf und servieren Sie sie mit Ihren Lieblingsgerichten und einem gesunden Salat oder Kartoffelpüree.
9. Genießen Sie den herzhaften Geschmack dieses Hackbratens mit magerem Rinderhackfleisch, duftenden Kräutern und braunem Zucker als Topping.

49. Müsli und gegrillte Pfirsiche

Was wir brauchen:
- Pfirsiche, halbiert und entkernt: 4
- Den Backofen einsprühen.
- Acht Portionen einer Salatmischung.
- Himbeer-Vinaigrette-Dressing, leicht, 13 Tassen
- Himbeeren, frisch, ausreichend für 1 Tasse
- ½ Pfund Heidelbeeren
- ½ Tasse geröstete, gehobelte Mandeln
- Müsli mit niedrigem Fettgehalt, ausreichend für vier Tassen
- Zerbröckelter Ziegenkäse, 1 Tasse (4 Unzen)

Vorbereiten:
1. Der Grill sollte auf mittlerer Stufe erhitzt werden.
2. Die geschnittenen Pfirsichhälften mit Kochspray einsprühen. Pfirsiche mit der Schnittfläche nach oben auf ein mit Speiseöl besprühtes Bratrost legen.
3. Die Pfirsichhälften brauchen 3 Minuten pro Seite auf dem Grill, um Grillspuren zu erhalten. Aus jeder Pfirsichhälfte vier gleich große Spalten schneiden.

4. Den Blattsalat mit der Vinaigrette anmachen und in einer Schüssel servieren. Die Beeren, das Granola und die Mandeln vorsichtig unterheben.
5. Verteilen Sie die Salatzutaten so, dass jeder der vier Salatteller 2,5 Tassen enthält.
6. Auf jeden Teller 8 Pfirsichspalten legen und mit je 2 Esslöffeln Käse bestreuen.

50. Pikante mediterrane Hähnchenschenkel

Was wir brauchen:
- 5 Hähnchenschenkel, ohne Knochen
- Gemahlener Kreuzkümmel (½ Teelöffel)
- ½ süße Zwiebeln
- Oregano (1 Esslöffel)
- 1 Teelöffel Knoblauch
- Ausgepresster Zitronensaft (¼ Tasse)
- Paprika süß (1 Teelöffel)
- Pflanzliches Öl

Vorbereiten:
1. Gemahlenen Kreuzkümmel, gehackte süße Zwiebel, getrockneten Oregano, gehackten Knoblauch, Zitronensaft, süßes Paprikapulver, Salz, Pflanzenöl und Pfeffer in einer Schüssel vermischen. Marinieren Sie das Hähnchen, indem Sie die Zutaten gründlich vermischen.
2. Die entbeinten Hähnchenschenkel sollten in eine verschließbare Schale gelegt werden.
3. Achten Sie darauf, dass jedes Stück Huhn mit der Marinade übergossen wird. Damit sich die Marinade gut verteilt, sollten Sie sie in das Huhn einmassieren.
4. Lassen Sie das Huhn mindestens zwei Stunden lang zugedeckt in der Marinade liegen, damit die Aromen einziehen können.
5. Bereiten Sie eine Mikrowellenpfanne vor, indem Sie sie auf höchster Stufe erhitzen.
6. Das Huhn aus der Marinade nehmen und die überschüssige Flüssigkeit abtropfen lassen.
7. Damit das Hähnchen gut durchgebraten ist, sollte es auf jeder Seite etwa 5 bis 6 Minuten erhitzt werden.
8. Um den Geschmack und die Feuchtigkeit zu erhalten, sollten Sie das Huhn während des Grillens mit der Marinade begießen.
9. Wenn die Hähnchenschenkel fertig gegrillt sind, nehmen Sie sie auf ein Tablett, um sie vor dem Verzehr ein paar Minuten abzukühlen.

51. Rindfleisch Bourguignon

Was wir brauchen:
- 2 kg Rindergulasch aus Weidehaltung
- Eine Flasche trockener Rotwein mit 750 Millilitern Inhalt
- Vier Tassen gehackte Champignons
- Acht einzelne Speckstücke
- Eine einzelne gehackte Zwiebel.
- Butter von grasgefütterten Kühen, aufgeschlagen zu drei Esslöffeln
- Drei gehackte Knoblauchzehen
- Ein Paar Lorbeerblätter
- Ein Viertel Teelöffel getrockneter Thymian
- Ein Esslöffel Tomatenmark (ohne Zuckerzusatz)
- Petersilie, trocken, ein halber Teelöffel
- Die richtige Menge Pfeffer und Salz

Vorbereiten:
1. Falls das Fleisch noch nicht zerkleinert ist, schneiden Sie es in Stücke.
2. Großzügig mit schwarzem Pfeffer und Salz bestreuen.
3. In einem separaten Kochtopf 2 Esslöffel Butter schmelzen.
4. Anschließend das Steak mischen und drei Minuten lang braten.
5. Nach dem Herausnehmen des Fleisches dieses in einen Kochtopf geben.
6. Speck dazugeben und braten, bis er gebräunt und knusprig ist.
7. Den Speck herausnehmen und in dünne Scheiben schneiden.
8. Eine kleine Menge Rotwein sollte in die Pfanne gegeben werden.
9. Den Speck in den Ofen geben und dann die Zutaten aus der Pfanne sowie den restlichen Wein dazu gießen.
10. Mischen Sie alle Zutaten, wenn Sie sie hinzugefügt haben.
11. Bereiten Sie es zu, indem Sie es acht bis zehn Stunden lang bei niedriger Temperatur köcheln lassen, bis das Fleisch leicht zu kauen ist.

52. Klassischer Schmorbraten

Was wir brauchen:
- 2-3 Pfund Rinderhackbraten
- 4 Knoblauchzehen, gehackt
- Salz nach Geschmack
- 2 Esslöffel Pflanzenöl
- 1 Tasse gehackte Zwiebel

- 4 Tassen Rinderbrühe
- Pfeffer nach Geschmack
- 3 große Möhren, in Würfel geschnitten
- 4-5 Kartoffeln, in Würfel geschnitten
- 3 Stangen Staudensellerie, gewürfelt
- 2-3 Zweige frischer Thymian
- 2 Lorbeerblätter

Vorbereiten:
1. Den Rinderbraten von allen Seiten großzügig mit Salz und Pfeffer würzen.
2. Das Pflanzenöl sollte bei mittlerer Hitze in einem großen Dutch Oven oder einem Topf mit schwerem Boden erhitzt werden.
3. Den Braten vier bis fünf Minuten pro Seite anbraten, bis er gebräunt ist. Den Braten vom Herd nehmen und beiseite stellen.
4. Der gehackte Knoblauch und die Zwiebel sollten in denselben Topf gegeben werden. Etwa 5 Minuten lang anbraten, bis sie zart und duftend werden.
5. Die Rinderbrühe und den Rotwein (falls verwendet) hinzugeben und den Boden der Pfanne von allen gebräunten Teilen befreien. Ein paar Minuten köcheln lassen, um die Flüssigkeit etwas einzudicken.
6. Den gebräunten Braten zurück in den Topf geben und den Sellerie, die Kartoffeln und die Karotten um den Braten herum anordnen.
7. Geben Sie frischen Thymian, Rosmarin und Lorbeerblätter in die Brühe zu Fleisch und Gemüse.
8. Den Topf mit einem Deckel abdecken und in den auf 165°C (325°F) vorgeheizten Ofen stellen. Um zartes, leicht zerfallendes Rindfleisch zu erhalten, drei bis vier Stunden garen.
9. Nachdem Sie den Topf aus dem Ofen genommen haben, nehmen Sie den Braten vorsichtig heraus. Lassen Sie ihn ein paar Minuten ruhen, bevor Sie ihn in Scheiben schneiden oder raspeln.
10. Die Lorbeerblätter und Kräuterzweige wegwerfen.
11. Servieren Sie den Schmorbraten mit dem gekochten Gemüse und etwas von der reichhaltigen Brühe aus dem Topf.

53. Paneer Curry mit gefüllten Kartoffeln

Was wir brauchen:
- 2 für die Mikrowelle vorgeschnittene Kartoffeln
- Den Backofen einsprühen.
- Pflanzenöl, 1 Teelöffel
- Eine halbe Tasse gehackte Zwiebel

- 1,25 Unzen gewürfelte Tomate
- 1 Teelöffel Currypulver, rot
- 1 ml frische Ingwerpaste, gemahlen
- Eine Prise Salz
- 1 Tasse gehackter Blattspinat aus einer Tüte
- Gewürfeltes Paneer, 1 Tasse (4 Unzen)
- Garam Masala, Viertel Teelöffel

Optional: 1 Esslöffel fein gehackter frischer Koriander.

Vorbereiten:
1. Bereiten Sie die Kartoffeln in der Mikrowelle nach den Anweisungen der Verpackung zu, um zwei Kartoffeln gleichzeitig zu garen.
2. Eine große, beschichtete Pfanne bei mittlerer Hitze vorbereiten, während die Kartoffeln kochen. Kochspray auf die Pfanne sprühen.
3. Etwas Öl in die Pfanne geben und gut umrühren, damit alles bedeckt ist. Die Zwiebeln in das erhitzte Öl geben und zwei Minuten lang umrühren.
4. Nach zwei Minuten Kochzeit, in denen Sie die Mischung häufig umrühren sollten, die Tomaten, das rote Currypulver, den Ingwer und das Salz hinzufügen. Nehmen Sie das Gericht sofort vom Herd. Nachdem Sie alles untergerührt haben, warten Sie, bis der Spinat verwelkt ist, bevor Sie ihn servieren.
5. Käse und Garam Masala hinzufügen und gut vermischen.
6. Zum Öffnen der Kartoffeln die Verpackung entfernen und die Kartoffeln der Länge nach in Scheiben schneiden. Etwa eine viertel Tasse des Tomatenpürees in die Mitte aller Kartoffeln geben. Koriander kann als Garnitur verwendet werden.

54. Verschiedene Hühnercurrys

Was wir brauchen:
- 6 Hähnchenschenkel, ohne Knochen
- Pflanzliches Öl
- Ingwerpaste (2 Teelöffel)
- Kokosnussmilch (¼ Tasse)
- Knoblauch (2 Teelöffel)
- 1 große Zwiebel, gehackt
- Garam masala (2 Esslöffel)
- Wasser

Vorbereiten:
1. Einen großen Topf mit Öl füllen und bei starker Hitze erhitzen.
2. Den gehackten Koriander eine Minute lang anbraten, damit er sein Aroma entfaltet.

3. Die Hähnchenschenkel salzen und pfeffern, bevor sie in den Kocher gegeben werden. Umrühren, bis sie auf allen Seiten braun sind, was etwa 5 bis 7 Minuten dauert.
4. Bevor Sie das Huhn aus der Pfanne nehmen,
5. Den gehackten Knoblauch, die fein gewürfelte Zwiebel und den geriebenen Ingwer in dieselbe Pfanne geben. Es dauert etwa 4 Minuten, bis die Zwiebel durchsichtig und aromatisch wird.
6. Das Wasser zurück in die Pfanne geben und die Hähnchenschenkel wieder hineinlegen. Die Zutaten zusammenrühren und die Mischung zum Kochen bringen.
7. Das Hähnchen langsam bei schwacher Hitze 20 bis 25 Minuten dünsten, bis es gar und weich ist.
8. Den Deckel abnehmen und die Currypaste und die Milch einrühren. Eventuell mehr Pfeffer und Salz hinzufügen.
9. Die Aromen des Currys werden durch weitere 5 Minuten Köcheln noch besser.
10. Essen Sie das indische Hühnercurry mit gedämpftem Reis und etwas Naan-Brot. Wenn Sie möchten, können Sie noch etwas gehackten Koriander darüber streuen.
11. Hühnercurry aus Indien ist eine köstliche und duftende Hauptgerichtoption.

55. Reis mit Linsencurry

Was wir brauchen:
- 1 (8,5-Unzen) Bündel mikrowellengeeigneter vorgekochter Basmatireis
- 1 Bündel (17,63 Unzen) getrocknete grüne Linsen (petite)
- Eine halbe Tasse glänzende Rosinen
- Rote Zwiebel, halbe Tasse
- Pinienkerne, geröstet (¼ Tasse)
- 2 Esslöffel Reisessig mit gebratenem Knoblauch
- Currypulver (1 Esslöffel)
- Salz (1/8 Teelöffel)
- 2 Esslöffel Pflanzenöl

Vorbereiten:
1. Den Reis in eine große Schüssel geben und nach Packungsanweisung in der Mikrowelle zubereiten. Linsen und die nächsten 3 Zutaten hinzugeben und weich kochen.
2. Essig, Salz und Currypulver in einer kleinen Schüssel vermengen. Langsam das Öl und die Zutaten mit einem Schneebesen unterrühren.
3. Die Reismischung mit dem Dressing übergießen und vorsichtig schleudern. Sofort servieren oder 2 Stunden lang im Kühlschrank aufbewahren.

56. Gebackenes Ei

Was wir brauchen:
- Gehackte rote Paprika (½ Tasse)
- Petersilie
- Zucchini (¼ Tasse)
- Salz
- Kokosnussöl (½ Esslöffel)
- Getrocknetes Basilikum
- Grüne Zwiebeln, in Scheiben geschnitten (¼ Tasse)
- Gemahlener schwarzer Pfeffer
- Kokosnussmilch (¼ Tasse)
- Zwei Eier
- Mandelmehl (1/8 Tasse)

Vorbereiten:
1. Nehmen Sie einen Kochtopf, schmelzen Sie das Kokosöl und erhitzen Sie es.
2. Chiliflocken, Zucchiniraspeln und Frühlingszwiebelscheiben untermischen.
3. Um das Gemüse weich zu machen, dünsten Sie es ein paar Minuten lang an.
4. Fügen Sie dem Gemüse etwas Salz, getrocknetes Basilikum und schwarzen Pfeffer hinzu. Um den Geschmack zu kombinieren, muss man gut umrühren.
5. Die Kokosmilch und die Eier getrennt in eine Schüssel geben und glatt rühren.
6. Geben Sie das Mandelmehl unter ständigem Rühren in die Eimischung, um sicherzustellen, dass es sich gut verbindet.
7. Das Gemüse gleichmäßig in eine geölte Auflaufform schichten.
8. Das Gemüse mit der Eimischung bedecken und darüber gießen.
9. Wenn der Ofen bereit ist, die Auflaufform hineinstellen und fünfundzwanzig bis dreißig Minuten backen, damit der Eierkuchen fest wird und die äußere Schicht gebräunt ist.
10. Nach dem Backen nehmen Sie die Form aus dem Ofen und lassen sie abkühlen.
11. Frische Petersilie ist eine großartige Beilage, da sie sowohl Farbe als auch Geschmack verleiht.
12. Den Eierauflauf erwärmen, in Scheiben schneiden und servieren.

57. Salat mit Thunfisch und Avocado

Was wir brauchen:
- 2 Dosen Thunfisch aus der Dose
- 2 reife Avocados, gewürfelt
- ½ Tasse gewürfelte Zwiebel
- ¼ Tasse gehackte frische Petersilie

- 2 Esslöffel Mayonnaise (oder griechischer Joghurt für eine leichtere Variante)
- 1 Esslöffel Zitronensaft
- Salz-Schwarzer Pfeffer

Vorbereiten:
1. Den Thunfisch in eine große Rührschüssel geben. Das Avocadofleisch würfeln und die reifen Avocados schneiden. Den Thunfisch und die gewürfelte Avocado zur Mahlzeit hinzufügen.
2. Den Thunfisch, die Avocado und die rote Zwiebel in einer Schüssel vermengen und den frisch geschnittenen Koriander hinzufügen.
1. Griechischen Joghurt, Zitronensaft und eine Prise schwarzen Pfeffer und Salz in eine kleine Schüssel geben. Die Zutaten mit einem Schneebesen verrühren. Wenn Sie mehr Schärfe wünschen, können Sie auch rote Paprikaflocken hinzufügen.
2. Die Avocado, die Zwiebel, die Petersilie und den Thunfisch auf eine Platte geben. Mit der Sauce bedecken. Vorsichtig umrühren, bis die Sauce alle Komponenten gründlich bedeckt.
3. Wenn Sie Ihren Salat lieber kalt mögen, decken Sie ihn ab und stellen Sie ihn 30 Minuten lang beiseite. So haben die Aromen Zeit, sich zu vermischen. Sie können ihn aber auch sofort servieren, wenn Sie es eilig haben.
4. Den Thunfisch-Avocado-Salat auf Tellern oder in Schalen anrichten. Dieser Salat ist eine schnelle und köstliche Option für eine leichte und proteinreiche Mahlzeit. Er eignet sich perfekt als Sandwichfüllung, als Wrap oder wahlweise auf einem Salatbett serviert.
5. Garnieren Sie Ihren Thunfisch-Avocado-Salat mit etwas frischem Koriander oder ein paar zusätzlichen Avocadoscheiben, um ihn zu präsentieren.

58. Gegrillte Garnelen und Gemüsespieße

Was wir brauchen:
Für die Marinade:
- ¼ Tasse Pflanzenöl
- 2 Esslöffel Limettensaft
- zerdrückter Knoblauch - 2 Nelken
- getrockneter Oregano 1 Teelöffel
- schwarzer Pfeffer und Salz

Für die Spieße:
- 1 Pfund große Garnelen, geschält und entdarmt
- 1 Tasse Paprika gemischtfarbig
- 1 Zucchini, in Würfel geschnitten
- Kirschtomaten (wahlweise)

Vorbereiten:

1. Für die Marinade Zitronensaft, Pflanzenöl, gehackten Knoblauch, Salz, getrockneten Oregano und schwarzen Pfeffer in einer kleinen Schüssel mit einem Schneebesen verrühren. Beiseite stellen.
2. Während die Holzspieße einweichen, Paprikastücke, rote Zwiebelstücke, Zucchinirunden und Kirschtomaten (falls verwendet) aufspießen. Wechseln Sie die Zutaten ab, um einen bunten und schmackhaften Spieß zu erhalten.
3. Die zusammengesetzten Spieße in eine Schale legen. Mit der Marinade beträufeln, so dass sie gleichmäßig bedeckt sind. Damit sich die Aromen verbinden, abdecken und 20-30 Minuten kalt stellen.
4. Heizen Sie den Grill bei mittlerer bis hoher Hitze vor. Achten Sie darauf, dass die Ränder des Grills sauber und gut geölt sind, damit das Grillgut nicht festklebt.
5. Die marinierten Garnelen und Gemüsesticks grillen. Die Garnelen zwei bis drei Minuten auf jeder Seite grillen, bis sie gar, aber noch weich sind.
6. Nach dem Grillen die Spieße auf eine Servierplatte legen. Diese gegrillten Garnelen-Gemüse-Spieße sind eine köstliche und gesunde Mahlzeit.
7. Wärmen Sie sie auf und servieren Sie sie mit etwas Sauce zum Dippen oder einem knackigen grünen Salat. Garnieren Sie sie mit einem Spritzer zusätzlicher Marinade oder frischen Kräutern wie Petersilie oder Koriander, um ihnen einen Hauch von Farbe und Geschmack zu verleihen.

59. Lamm- und Schweinefleischgewürz

Was wir brauchen:
- Getrockneter Oregano
- Gemahlener Piment (1 Teelöffel)
- Thymian, getrocknet
- Knoblauchpaste (1½ Teelöffel)
- Selleriesamen (¼ Tasse)
- 2 Esslöffel Zwiebelpaste
- Geriebener schwarzer Pfeffer
- Zerstoßenes Lorbeerblatt (1 Teelöffel)

Vorbereiten:

1. Geben Sie Oregano, Thymian, Zwiebelpulver, Selleriesamen, Pfeffer, Knoblauchpaste, Piment und Lorbeerblatt in Ihren Mixer und verarbeiten Sie die Zutaten mehrmals, um sie zu verbinden.
2. Die Mischung in ein flaches Gefäß mit Deckel füllen.
3. Stellen Sie sie an einen trockenen und kühlen Ort.

60. Einfache Hühnersoße

Was wir brauchen:
- 2 Esslöffel Ghee oder ungesalzene Butter (oder, falls milchfrei, Kokosnussöl);
- 1½ Tassen Champignons, in Stücke geschnitten
- ¼ Tasse Zwiebelstücke, gewürfelt
- 2 Sellerierippen, in dünne Scheiben geschnitten und nochmals in Scheiben geschnitten
- 1 Tasse in Scheiben geschnittener Spargel
- 1 Teelöffel feinkörniges Salz aus dem Meer
- Gemahlener dunkler Pfeffer in der Menge von 12 Esslöffeln
- 4 Unzen Frischkäse für die 12 Portionen
- 3/4 Tassen Hühnerknochensaft, Scones, die entweder vor Ort hergestellt oder in einem Geschäft gekauft wurden.
- 4 sehr großes Eiweiß
- 1 Tasse Mandelmehl, das geweißt wurde
- 1 Teelöffel des zum Erhitzen verwendeten Pulvers
- ¼ Milligramm sehr feines Meersalz
- 3 Esslöffel gefrorene Margarine (oder Schmalz, falls milchfrei), in kleine Stücke geschnitten Thymian, frisch und zum Schneiden verwendet
- Geschmolzenes Ghee, das als Brotaufstrich oder zum Baden verwendet wird

Vorbereiten:
1. Den Ofen auf 400 Grad vorheizen. Ghee wird in gusseisernen Pfannen bei mittlerer Hitze weich. Pilze und Zwiebeln anbraten, bis sie dunkler werden, dann Sellerie und Spargel drei Minuten weiterbraten.
2. Die in Scheiben geschnittene Hähnchenbrust von beiden Seiten pfeffern und salzen. In einer Pfanne das Hähnchen anbraten. Es sollte noch nicht gar sein. In der Pfanne den Frischkäse verrühren, bis keine Klümpchen mehr vorhanden sind. Geben Sie die Suppe schnell hinein, aber seien Sie vorsichtig. Nachdem Sie sie beiseite gestellt haben, können Sie damit beginnen, Scones zu backen.
3. Zunächst das Eiweiß zu einem steifen Schnee schlagen. In einem etwa gleich großen Gefäß das Mehl, das Salz und das Mandelmehl mischen.
4. Dann den Brotaufstrich hinzugeben und umrühren. (Wenn der Aufstrich nicht kalt ist, werden die Scones nicht gelingen.) Die Mehlmischung langsam auf dem Eiweiß verteilen. Sie können den Teig mit einem großen Löffel oder einem Frozen-Yogurt-Schöpfer zu Scones von 5 cm Durchmesser formen. Margarine in Klumpen aufbewahren.
5. Die Brötchen in die Mischung der Pfanne mischen. Die Brötchen 12-15 Minuten lang backen, damit sie dunkel genug sind. Den Thymian und die geschmolzene Butter dazugeben. In Behältern, die kein Wasser und keine Luft durchlassen, können die

Extras drei Tage lang im Kühlschrank aufbewahrt werden. Es muss in der Schüssel durchgegart werden.

61. Krabbenküchlein mit Limettensalsa

Was wir brauchen:

Für die Salsa:

- Rote Paprika (½ Tasse)
- ½ Englische Salatgurken
- Schwarzer Pfeffer
- Eine Limette, gehackt
- Koriander, gehackt (1 Teelöffel)
- **Für Krabbenküchlein:**
- Petersilie (ein Esslöffel)
- Ein kleines Ei
- Königskrabbenfleisch (8 Unzen)
- Pflanzliches Öl
- Scharfe Sauce
- Semmelbrösel (¼ Tasse)
- Eine Frühlingszwiebel, gehackt
- Rote Chiliflocken (¼ Tasse)

Vorbereiten:

1. In einer Schüssel die roten Chiliflocken, die Limette, die Gurke und den Koriander mischen und alles gut miteinander vermengen.
2. Pfeffern Sie sie und legen Sie sie beiseite, nachdem Sie sie mit Pfeffer gewürzt haben.
3. Um Krabbenkuchen zuzubereiten, gehen Sie folgendermaßen vor:
4. In einer Schüssel Semmelbrösel, Frühlingszwiebeln, Ei, Krabben, scharfe Soße, rote Paprika und Petersilie vermischen. Die Zutaten gut vermischen.
5. Gegebenenfalls noch etwas mehr Semmelbrösel untermischen.
6. Aus den Bröseln vier einzelne Pastetchen formen und auf einer Platte schichten.
7. Etwa eine Stunde lang einfrieren und dann in den Kühlschrank stellen.
8. Nehmen Sie einen Herd mit niedriger Hitze und beträufeln Sie die Pfanne mit Pflanzenöl.
9. Die Krabbenküchlein in den Ofen schieben und etwa 5 Minuten pro Seite erhitzen.
10. Dazu gibt es eine Schüssel Salsa.

DINNER

62. Blaubeer-Crustard-Kuchen mit Zitronengeschmack

Was wir brauchen:
- 6 Eier
- Zwei Esslöffel geriebene Zitronenschale
- Ein Milliliter und ein Teelöffel Stevia Flüssigkeit
- Eineinhalb Teelöffel Salz
- 0,5 Tassen Heidelbeeren
- Eineinhalb Tassen Kokosmehl
- 1 Teelöffel Zitronensaft
- 0,5 Tassen Stevia
- Zweieinhalb Becher fettarme Sahne

Vorbereiten:
1. Nachdem Sie das Eigelb von den Eiern getrennt haben, bereiten Sie zunächst das Eiweiß vor, indem Sie es mit einem Schneebesen zu Schaum schlagen.
2. Zuerst die Eigelbe verquirlen, dann die anderen Zutaten (außer den Blaubeeren).
3. Das Eiweiß leicht und vorsichtig unter die Masse heben.
4. Die Butter in den Kochtopf geben und die Hitze auf niedrig stellen.
5. Die Blaubeeren mit den anderen Zutaten vermischen.
6. Bereiten Sie das Gericht vor, indem Sie es drei Stunden lang bei niedriger Hitze kochen.
7. Warten Sie, bis die Temperatur zu sinken beginnt.

63. Reispudding

Was wir brauchen:
- 3 Eier
- 1 Teelöffel reine Vanille-Essenz
- 13,5 Unzen cremige Kokosnuss
- Geriebene Muskatnuss, 0,5 Teelöffel
- 0,25 Tassen Süßstoff
- 7-Unzen-Wunder-Reis

Vorbereiten:
1. Den Ofen vorbereiten. Eine mittelgroße, gefettete Auflaufform beiseite stellen.
2. Eier aufschlagen und Vanilleextrakt untermischen. Diese aromatische Zutat macht den Milchreis verlockend.

3. Die dicke Kokosnusscreme in die Schüssel geben und mit den Eiern und der Vanilleessenz vermischen. Die Zutaten sorgfältig mischen.
4. Muskatnuss verleiht dem Milchreis einen warmen, erdigen Geschmack. Um die Gewürze zu verteilen, vorsichtig verquirlen.
5. Fügen Sie die ideale Süße hinzu. Fügen Sie der Mischung das von Ihnen gewählte Süßungsmittel hinzu. Wählen Sie Ihr bevorzugtes Süßungsmittel - Zucker, Honig oder natürliches Süßungsmittel.
6. Miracle Rice mit kaltem Wasser abspülen. Diese erstaunliche Reisalternative verleiht Milchreis eine besondere Textur und ist nahezu kalorienfrei. Miracle Rice vor dem Mischen abtropfen lassen.
7. Miracle Rice in die mit Kokosnuss versetzte Süße einrühren. Jedes Korn mit der schmackhaften Mischung bestreichen. Die Milchreis-Kombination in aller Ruhe auf die geölte Schüssel verteilen.
8. Die Form in den vorgeheizten Backofen stellen. Den Milchreis 40-45 Minuten lang backen, bis er hellbraun ist. Nachdem Sie den Milchreis aus dem Ofen genommen haben, lassen Sie ihn abkühlen. Ihre Küche wird köstlich duften und Sie mit dem Genuss verwöhnen.
9. Muskatnuss auf dem gekühlten Milchreis verfeinert das Ergebnis. Dadurch werden Aussehen und Geschmack verbessert. Servieren Sie den Kokosnuss-Milchreis heiß oder kalt. Er ist cremig, gemütlich und köstlich in jedem Bissen.
10. Genießen Sie jeden Geschmack dieses kreativen Desserts mit Familie und Freunden. Erwarten Sie Lob und Rezeptwünsche!

64. Reis mit Rinderbratensoße

Was wir brauchen:
- Extra mageres Rinderhackfleisch (½ Pfund)
- Rinderbrühe, zubereitet (1 Tasse)
- Schwarzer Pfeffer
- Eine süße Zwiebel, gehackt
- Thymian, gehackt (1 Teelöffel)
- Gehackter Knoblauch
- Weißer Reis, ungekocht (½ Tasse)
- ½ Tasse grüne Bohnen
- Eine Stange Sellerie, gehackt
- Wasser

Vorbereiten:
1. Den Herd auf die Flamme stellen und die Temperatur auf mittlere Stufe einstellen. Sobald der Herd heiß ist, das zerkleinerte Fleisch hinzufügen.

2. Braten Sie das Fleisch an, indem Sie es eine bestimmte Zeit lang kochen, bis es die gewünschte Farbe erreicht.
3. Bringen Sie die Menge an zusätzlichem Fett auf ein überschaubares Maß zurück.
4. Nach einer gewissen Zeit werden als nächstes der Knoblauch und die Zwiebel in den Topf gegeben.
5. Sie benötigen eine Kochzeit von etwa drei Minuten.
6. Danach den Reis, den Sellerie, das Wasser und die Rinderbrühe hinzugeben.
7. Nachdem Sie das Wasser zum Kochen gebracht haben, reduzieren Sie die Temperatur auf dem Herd.
8. Die Mischung etwa eine halbe Stunde lang auf kleiner Flamme köcheln lassen.
9. Danach den Thymian und die grünen Bohnen dazugeben und weitere drei Minuten kochen lassen.
10. Bringen Sie sie aus dem brennenden Bereich heraus.
11. Pfeffer ist ein hervorragendes Würzmittel für sie.

65. Shrimp Thermion

Was wir brauchen:
- Eine große Garnele, geschält und entdarmt
- 2 Esslöffel Butter
- gehackt 1 Schalotte
- 1 Knoblauchzehe, gehackt
- ½ Tasse Schlagsahne
- 1/4 Tasse geriebener Käse
- 1 Teelöffel Paprika
- Salz und Pfeffer nach Geschmack
- 2 Esslöffel Petersilie, gehackt
- 1 Esslöffel Zitronensaft
- Gekochter Reis oder Nudeln zum Servieren (optional)

Vorbereiten:
1. Butter in einer großen Pfanne bei mittlerer Hitze schmelzen.
2. Die Garnelen hineingeben und zwei bis drei Minuten auf jeder Seite braten, bis sie undurchsichtig/rosa sind. Die Garnelen aus der Pfanne nehmen und beiseite stellen.
3. In dieselbe Pfanne die gehackte Schalotte und den Knoblauch geben. 2 Minuten kochen, bis sie weich und aromatisch sind.
4. Mit dem Weißwein aufgießen und 3-4 Minuten kochen lassen, bis er auf die Hälfte reduziert ist.
5. Schwere Sahne, Parmesan, Dijon-Senf und Paprika hinzugeben. Gut umrühren und 5 Minuten kochen lassen, um die Soße zu binden.

6. Die gekochten Garnelen zurück in die Pfanne geben und mit der Sauce vermischen.
7. Mit Salz, Pfeffer und Zitronensaft abschmecken.
8. Frische Petersilie hinzufügen und mischen.

66. Gebratener Rindereintopf

Was wir brauchen:
- Mehl (¼ Tasse)
- Knoblauch (2 Teelöffel)
- Thymian (1 Teelöffel)
- Pflanzliches Öl
- Eine Karotte
- ½ süße Zwiebel, gewürfelt
- Wasser
- Rinderbrühe, zubereitet (1 Tasse)
- 2 Stangen Staudensellerie
- Rinderfiletbraten, ohne Knochen (½ Pfund)
- 1 Teelöffel Speisestärke
- Geriebener schwarzer Pfeffer
- 2 Esslöffel gehackte Petersilie

Vorbereiten:
1. Heizen Sie den Ofen auf 350 Grad Fahrenheit vor.
2. Mischen Sie den schwarzen Pfeffer und das Mehl in einem großen Gefrierbeutel aus Kunststoff und vermengen Sie sie gut.
3. Geben Sie die Fleischstücke in den Beutel und schwenken Sie sie gut, um sie zu umhüllen.
4. Das Pflanzenöl in einer gusseisernen Auflaufform, die in den Ofen gestellt werden kann, schmelzen. Jedes Stück Rindfleisch etwa fünf Minuten lang anbraten, so dass es eine hellbraune Farbe annimmt.
5. Das Steak herausnehmen und in eine separate Schüssel oder auf einen Teller legen. Die Zwiebel und den Knoblauch in den Topf geben und etwa drei Minuten köcheln lassen.
6. In den Topf mit der Rinderbrühe geben und den Topf ablöschen, während man den Boden wäscht, um die Reste der Rinderbrühe zu entfernen. Etwas Wasser, einige Karotten, etwas Sellerie, etwas Fleischbrühe und etwas Thymian in eine Schüssel geben.
7. Den Deckel so auf den Topf setzen, dass er fest sitzt, und ihn dann in den Ofen schieben. Den Eintopf in die Mikrowelle stellen und etwa eine Stunde lang braten, dabei regelmäßig umrühren.

8. Zum Andicken der Soße etwas Maisstärke mit zwei Teelöffeln Wasser in den köchelnden Eintopf einrühren. Etwas gemahlenen schwarzen Pfeffer darüber streuen. Mit ein wenig gehackter Petersilie garnieren.

67. Suppe mit Huhn und Nudeln

Was wir brauchen:
- Hühnerbrühe (1 und ½ Tassen).
- Gesalzenes und gekochtes Hühnerfleisch (1 Tasse)
- Schwarzer Pfeffer mit Karotte (ein Viertel einer Tasse)
- Hühnergewürz (ein viertel Teelöffel)
- Ungekochte Eiernudeln, 2 Unzen

Vorbereiten:
1. Das Wasser und die Brühe in den Kocher geben und auf Dampf stellen. Sie müssen mit etwas schwarzem Pfeffer, koscherem Salz und Geflügelgewürz gewürzt werden.
2. Bereiten Sie das Hühnerfleisch vor, indem Sie es zuerst ausnehmen und dann die Karotten hacken. Diese werden zur Brühe und zu den Nudeln gegeben.
3. Sie müssen etwa 25 Minuten lang gekocht werden.
4. Nach der Zubereitung kurz abkühlen lassen und genießen.

68. Rindfleisch in einem Rührbraten

Was wir brauchen:
- Mageres Rinderhackfleisch (ein halbes Pfund)
- Geschredderter Kohl entspricht einer halben Tasse.
- Kräuterpesto (eine viertel Tasse)
- 6 Brötchen für Frikadellen
- 1 halbe Tasse gewürfelte süße Zwiebel

Vorbereiten:
1. Braten Sie das Steak und die Zwiebel etwa sechs Minuten, nachdem Sie sie in die Pfanne gegeben haben.
2. Den Kohl nach dem Einschieben in den Ofen weitere drei Minuten garen.
3. Nach dem Hinzufügen des Pestos alles gut durchschwenken und etwa eine Minute lang kochen.
4. Sie sollten in sechs Portionen aufgeteilt werden, die jeweils mit einer Hamburgerbrothälfte serviert werden sollten.

69. Zander in Basilikumsahne gedünstet

Was wir brauchen:
- 1/4 Tasse überwältigende Sahne (oder Vollfett-Kokosmilch, wenn keine Milchprodukte verwendet werden)
- 1/4 Tasse neue Basilikumblätter, zusätzlich zu den Extras zum Verfeinern
- 2 Esslöffel Ghee oder ungesalzener Brotaufstrich (oder Kokosnussöl, wenn keine Milchprodukte verwendet werden), aufgeteilt
- ½ Tasse gespaltene Zwiebeln
- 1 Knoblauchzehe, zerdrückt und geklebt
- 1 Pfund Zanderfilets, gesäubert und in Stücke geschnitten
- 1 Teelöffel Salz
- ¼ Tasse Fisch- oder Hühnerknochensuppe, handgefertigte oder lokal erworbene Kirschtomaten, in der Mitte durchgeschnitten, zur Verfeinerung

Vorbereiten:
1. Die Sahne und das Basilikum in einen Mixer geben und pürieren, bis sich die Basilikumblätter nicht mehr mit der Sahne verbinden.
2. Einen Kochtopf auf die Flamme stellen, um ihn aufzuwärmen. Nachdem das Ghee in der heißen Pfanne geschmolzen ist, die Zwiebeln und den Knoblauch hinzufügen und zwei Minuten lang kochen, sobald die Zwiebeln glasig sind.
3. Die Fischstücke sollten mit Pfeffer und Salz gewürzt werden. Die Brühe und die Basilikumcreme in der Pfanne mit dem Fisch vermischen. Umrühren, um zu mischen. Den Fisch sieben Minuten lang bei geschlossenem Deckel kochen, damit das Fleisch durch und durch dunkel ist und sich leicht zerteilen lässt.

70. Käsiger Thunfischauflauf

Was wir brauchen:
- Thunfisch 1 Pfund
- gehackte Zwiebel 1 Esslöffel
- 1 Esslöffel Ghee
- 1 gehackte Knoblauchzehe
- 2 Tassen Blumenkohlröschen gewürfelt
- 1 Tasse aufgeschnittene Dillgurken
- 1/3 Tasse Cheddar-Sahne, gemildert
- 2 Esslöffel Mayonnaise, nativ hergestellt oder lokal erworben
- ½ Teelöffel feines Meersalz
- ¼ Teelöffel gemahlener dunkler Pfeffer

- 1 Tasse zerstörter scharfer Cheddar (schließt milchfreie Sorten aus) Geschnittene grüne Zwiebeln, zum Garnieren Gehackte knackige Petersilie, zum Garnieren
- Kirschtomaten, geteilt oder geviertelt, je nach Größe, zum Verzieren

Vorbereiten:
1. Die Zwiebel in den erhitzten Kochtopf geben und 3 Minuten anbraten. Den Knoblauch einrühren und etwa eine weitere Minute köcheln lassen.
2. Geben Sie das Gemüse in eine mittelgroße Schüssel, die zum Mischen verwendet werden kann. Fisch, Brokkoli, Essiggurken, Frischkäse, Mayonnaise, Pfeffer und Salz unter das Gemüse mischen. Als Nächstes den Frischkäse, die Mayonnaise, den Pfeffer und das Salz vermengen.
3. Die Fischkombination auf den mit Gulasch bestrichenen Teller legen. Wenn Sie Cheddar verwenden, bröseln Sie etwas davon darüber. Das Gericht zwanzig Minuten lang zubereiten, damit der Blumenkohl warm ist und die Oberseite des Gerichts ein wenig karamellisiert ist.
4. Das Gericht vom Herd nehmen und fünf Minuten ruhen lassen. Grüne Zwiebeln, Petersilie und Kirschtomaten sollten vor dem Servieren als Garnitur verwendet werden.
5. Dieses Gericht schmeckt am besten, wenn es frisch serviert wird, aber Reste können in einem luftdicht verschlossenen Behälter im Kühlschrank bis zu drei Tage aufbewahrt werden.
6. Er sollte drei Minuten lang in einer vorbereiteten Schale erwärmt und in einen auf 350 Grad vorgeheizten Grill gestellt werden.

71. Ingwer-Rindfleisch-Salat

Was wir brauchen:
- Geriebener Ingwer (1 Esslöffel)
- Pflanzliches Öl
- Flankensteak (½ Pfund)
- Ausgepresster Limettensaft (2 Esslöffel)
- Gehackter Knoblauch

Für die Vinaigrette:
- Reisessig (¼ Tasse)
- Gehackter Thymian (1 Teelöffel)
- 1 Limettensaft
- Pflanzenöl (¼ Tasse)
- Schale von 1 Limette
- Honig

Für Salat:
- Grüner Blattsalat (4 Tassen)

- ½, rote Zwiebel
- Geschnittene Radieschen (½ Tasse)

Vorbereiten:

1. Knoblauch, Ingwer und Limettensaft in eine Schüssel geben, dann das Pflanzenöl dazugeben und umrühren, bis alles gut vermischt ist. Das Steak marinieren und dann umdrehen, damit die Marinade alle Seiten des Fleisches bedecken kann.
2. Legen Sie einen Deckel auf die Schüssel und stellen Sie sie in den Kühlschrank, um das Fleisch zu marinieren. Nach einer Stunde nehmen Sie das Steak aus dem Kühlschrank und legen es auf den Grill, nachdem Sie sichergestellt haben, dass dieser vorgeheizt ist.
3. Das Fleisch etwa fünf Minuten pro Seite grillen. Nachdem die Steaks auf das Schneidebrett gelegt wurden, sollten sie etwa zehn Minuten ruhen.
4. Das Steak in sehr dünne Scheiben schneiden.
5. Geben Sie den Limettensaft, das Pflanzenöl, den Essig, den Honig, die Limettenschale und den Thymian in eine Schüssel und vermischen Sie alles gut, bevor Sie es beiseite stellen.
6. Legen Sie je eine Zwiebel, einen Rettich und einen Salatkopf auf die sechs Teller und teilen Sie sie gleichmäßig auf.
7. Die Vinaigrette sollte über den Salat geträufelt werden. Ein Teil des Steaks in Scheiben schneiden und als Garnitur darüber legen.

72. Französische Zwiebelsuppe

Was wir brauchen:

- Zwiebeln, in dünne Scheiben geschnitten
- Gehackter Thymian (1 Esslöffel)
- Hühnerbrühe (2 Tassen)
- Gemahlener schwarzer Pfeffer
- 2 Tassen Wasser
- Ungesalzene Butter

Vorbereiten:

1. Die Butter sollte in einem großen Topf bei einer Temperatur geschmolzen werden, die ungefähr der Zimmertemperatur entspricht. Nach einer gewissen Zeit die Zwiebeln in den Topf geben und unter häufigem Wenden garen.
2. Dreißig Minuten kochen, bis die Zwiebeln karamellisiert sind.
3. Anschließend die Brühe zum Kochen bringen, gefolgt von der Hühnerbrühe und dem Wasser. Den Eintopf so lange kochen, bis er die gewünschte Konsistenz erreicht hat.
4. Die Suppe sollte etwa 15 Minuten köcheln, nachdem die Hitze auf eine niedrige Stufe reduziert wurde. Danach den Thymian hinzugeben und alles vor dem Servieren gründlich umrühren.

5. Pfeffer ist die perfekte Zutat, um sie zu würzen. Sie sollten so schnell wie möglich serviert werden.

73. Traditionelle Hühner-Gemüse-Suppe

Was wir brauchen:
- Ungesalzene Butter
- Gemahlener schwarzer Pfeffer
- ½ gewürfelte süße Zwiebel
- Hühnerbrühe, Tasse
- Thymian, gehackt (ein Teelöffel)
- Zwei Stangen Staudensellerie, gewürfelt
- Petersilie (zwei Esslöffel)
- Eine Karotte, gewürfelt
- Gehackter Knoblauch (2 Teelöffel)
- 2 Tassen gekochte Hühnerbrust, gewürfelt
- Wasser

Vorbereiten:
1. Die Butter in der Pfanne bei schwacher Hitze auflösen. Den Knoblauch und die Zwiebel drei Minuten lang in der Pfanne anbraten.
2. Mischen Sie Karotten, Sellerie und Hühnerbrühe, nachdem einige Zeit vergangen ist. Die Suppe durch Aufkochen beginnen.
3. Die Hitze auf niedrige Stufe reduzieren und etwa 30 Minuten köcheln lassen. Danach den Thymian hinzugeben und die Suppe weitere zwei Minuten auf niedriger Stufe köcheln lassen.
4. Zum Würzen eignet sich Pfeffer. Etwas frische Petersilie zum Garnieren verwenden.

74. Gegrilltes Hühnerfleisch und gebratenes Gemüse

Was wir brauchen:

Für die Marinade:
- 3 Hähnchenbrüste ohne Haut und Knochen, in Scheiben geschnitten und mit Pfeffer und Salz gewürzt
- 2 Teelöffel Pflanzenöl
- Sojasauce 2 Esslöffel
- fein gehackt 1 Knoblauchzehe
- Brokkoliröschen in der Menge von 2 Tassen
- 1 Paprika, in Scheiben geschnitten
- 1 Karotte, in dünne Scheiben geschnitten

- ½ dünn gehackte Zwiebel
- 3 Esslöffel Pflanzenöl
- 1 gewürfelte Paprika
- 1 kleine gewürfelte Zucchini
- 1 kleiner gelber Kürbis, in Scheiben geschnitten

Vorbereiten:
1. In einer Schüssel Sojasauce, Pflanzenöl, Knoblauch, schwarzen Pfeffer, geriebenen Ingwer und Salz mit dem Schneebesen verrühren.
2. Legen Sie die Hähnchenstreifen in einen Behälter oder Beutel mit Reißverschluss und marinieren Sie sie, indem Sie die Marinade darüber gießen.
3. Damit sich die Aromen voll entfalten können, stellen Sie die Schale oder den Beutel mindestens zwanzig Minuten lang bei geschlossenem Deckel oder verschlossenem Beutel in den Kühlschrank.
4. Den Grill auf mittlere bis hohe Hitze vorbereiten oder einen großen Kocher auf hoher Flamme vorwärmen. Wenn Sie einen Kocher verwenden, geben Sie das Pflanzenöl vor Beginn der Zubereitung in den Kocher.
5. Wenn Sie die Hähnchenstreifen auf dem Grill zubereiten möchten, fädeln Sie sie zuerst auf Spieße, marinieren Sie sie und grillen Sie sie dann etwa drei bis vier Minuten auf jeder Seite, so dass sie vollständig durchgebraten sind und Grillspuren aufweisen.
6. Wenn Sie eine Pfanne verwenden, fügen Sie die Hähnchenstreifen hinzu und braten Sie sie etwa drei bis vier Minuten auf jeder Seite, so dass sie vollständig durchgebraten sind und eine leichte Bräunung aufweisen. Vor dem Beiseitelegen die Pfanne vom Herd nehmen.
7. Mit dem Pflanzenöl die Brokkoliröschen, die Paprikastücke, die Zucchini, den gelben Kürbis, die Karotten und die rote Zwiebel, die in eine große Schüssel gegeben wurden, bestreichen. Etwas Salz und geriebener schwarzer Pfeffer hinzugeben.

75. Gegrillte Portobello-Pilze mit Spinat und Feta

Was wir brauchen:
- 4 große Pilzköpfe
- 2 Tassen Blattspinat, frisch
- ½ Tasse Feta-Käse in zerkleinerter Form
- 2 Knoblauchzehen, gehackt oder klein geschnitten
- 2 Teelöffel Pflanzenöl
- Eine Prise schwarzer Pfeffer und Salz, nach Geschmack

Vorbereiten:
1. Den Grill bei mittlerer Hitze zum Garen vorbereiten. Gehackten Knoblauch mit Pflanzenöl in einem Topf vermengen.

2. Für die Zubereitung der Portobello-Pilzköpfe bürsten Sie sie mit Pflanzenöl, das mit Knoblauch versetzt wurde, und würzen sie mit schwarzem Pfeffer und Salz.
3. Garen Sie die Champignons auf dem Grill etwa vier bis fünf Minuten auf der Pfefferseite, damit sie weich werden. Jede Pilzkappe sollte in der letzten Minute des Grillvorgangs mit ein paar frischen Spinatblättern und ein paar Käsestückchen bestreut werden.
4. Eine Minute lang weitergrillen, dabei einmal wenden, bis der Spinat schlaff ist und der Käse geschmolzen ist.
5. Eine gesunde und angenehme Mahlzeit ist die Kombination von gegrillten Portobello-Pilzen mit Spinat und Feta-Käse.

76. Zucchini-Nudeln mit Pesto und Kirschtomaten

Was wir brauchen:
- 2 Zucchinis von handlicher Größe
- 1 Tasse Kirschtomaten, halbiert
- Eine halbe Tasse frischer Basilikumblätter
- ¼ gehackter Cheddar-Käse
- 2 einzelne Knoblauchzehen
- Eine viertel Tasse Pinienkerne
- ¼ Tasse Pflanzenöl
- Schwarzer Pfeffer und Salz, nach Geschmack

Vorbereiten:
1. Die Zucchini mit einem Spiralisierer zu Nudeln verarbeiten und beiseite stellen.
2. Frisches Basilikum, gehackten Cheddar-Käse, Knoblauch, Pinienkerne und Öl in einen Zerkleinerer geben und mixen, bis alles vermischt ist. So lange mixen, bis die Pesto-Sauce ganz glatt ist. Nach Belieben mit schwarzem Pfeffer und Salz würzen.
3. Eine kleine Menge Pflanzenöl in einem großen Kochtopf bei mittlerer Hitze erhitzen. Die Zoodles aus Zucchini und die Kirschtomaten darin verrühren. Die Nudeln etwa zwei bis drei Minuten lang kochen, damit sie den gewünschten Zartheitsgrad erreichen.
4. Die Zoodles aus Zucchini und Kirschtomaten mit der vorbereiteten Pestosauce vermischen.
5. Aufschlagen!

77. Gebackener Lachs mit Zitronen-Dill-Sauce

Was wir brauchen:
- 4 Stücke Lachsfilet
- 2 Teelöffel Pflanzenöl
- gehackt 3 Knoblauchzehen
- Zitronensaft, frisch gepresst 1 Esslöffel
- ½ Teelöffel Zitronenschale
- Eine Prise schwarzer Pfeffer und Salz, nach Geschmack

Vorbereiten:
1. Bereiten Sie eine Temperatur von 375 Grad Fahrenheit (190 Grad Celsius) in Ihrem Ofen vor. In einer Schüssel den gehackten Knoblauch, Pflanzenöl, schwarzen Pfeffer, Zitronensaft, Salz, Zitronenschale und getrockneten Dill verrühren.
2. Die Lachsstücke in einer Reihe auf ein mit Backpapier belegtes Blech legen. Mit einem Pinsel die Zitronen-Dill-Mischung auf beiden Seiten der Lachsstücke verteilen.
3. Den Lachs im vorgeheizten Ofen ca. 15 bis 20 Minuten backen, so dass er sich mit einer Gabel leicht zerpflücken lässt.
4. Servieren.

78. Gebackene Hähnchenschenkel mit Knoblauch und Kräutern

Was wir brauchen:
- 2 Esslöffel Pflanzenöl
- 4 Hähnchenschenkel
- 4 Knoblauchzehen, zerdrückt
- 1 Teelöffel Teelöffel Teelöffel Teelöffel Thymian
- 1 Teelöffel Rosmarin
- Salz und schwarzer Pfeffer, nach Geschmack
- Frische Petersilie, zum Garnieren

Vorbereiten:
1. Stellen Sie Ihren Backofen auf 190°C (375°F), um ihn vorzubereiten.
2. Öl, Thymian, Salz, schwarzen Pfeffer, Knoblauch und Rosmarin in einer kleinen Schüssel mischen. Die Hähnchenschenkel auf Pergamentpapier auf ein Backblech legen.
3. Die Hähnchenschenkel mit der Gewürznelken-Kräutermischung bestreichen und darauf achten, dass sie gleichmäßig bedeckt sind. Im vorgeheizten Ofen 30 bis 35 Minuten backen, bis das Huhn gar und die Haut knusprig ist.
4. Falls gewünscht, vor dem Servieren mit frischer Petersilie garnieren.

79. Auberginen-Lasagne

Was wir brauchen:

- 1 Tasse Tasse Käse
- 1 große Aubergine, in Scheiben geschnitten
- 1 Pfund zerkleinertes Rindfleisch
- 1 Dose (14 Unzen) zerdrückte Tomaten
- 3 Knoblauchzehen, gehackt
- 1 Teelöffel Oregano
- schwarzer Pfeffer und, Salz nach Geschmack
- Frische Basilikumblätter, zum Garnieren (optional)

Vorbereiten:

1. Braten Sie das gewürzte Fleisch in einer auf mittlere Hitze erhitzten Pfanne.
2. Tomaten, Basilikum, Oregano, Knoblauch, schwarzen Pfeffer und Salz in die Pfanne geben. Etwa 10 Minuten köcheln lassen, damit eine schmackhafte Soße entsteht.
3. In einer anderen Schüssel den gehackten Parmesan, Ricotta und Mozzarella vermengen.
4. Die Auberginenstreifen, die Fleischsauce und die Käsemischung in einer Auflaufform zu einer Lasagne schichten.
5. Fahren Sie mit der Schichtung fort, bis Sie alle Komponenten aufgebraucht haben, und legen Sie dann eine Käseschicht darüber.
6. Im warmen Ofen 28-35 Minuten überbacken, damit der Cheddarkäse cremig und goldgelb wird.
7. Vor dem Servieren nach Belieben mit frischen Basilikumblättern garnieren.

80. Spaghettikürbis mit Pesto und Kirschtomaten

Was wir brauchen:

- 1 mittelgroßer Spaghettikürbis
- 1 Tasse Kirschtomaten, halbiert
- ¼ Tasse zubereitete Pesto-Sauce
- ¼ Tasse geriebener Käse
- Schwarzer Pfeffer und Salz, nach Geschmack
- Zum Dekorieren Frische Basilikumblätter

Vorbereiten:

1. Erhitzen Sie Ihren Herd und teilen Sie Ihr Spaghetti-Gemüse in der erhitzten öligen Mitte.
2. Die Kürbishälften mit der Schnittfläche nach unten auf ein mit Backpapier ausgelegtes Backblech legen.

3. Für die Spaghetti-Stränge den Kürbis im vorgeheizten Ofen 35 bis 40 Minuten rösten, bis er weich ist.
4. Den Spaghettikürbis mit einer Gabel aushöhlen und in eine Servierschüssel geben.
5. Den gekochten Spaghettikürbis mit dem Käse, der Pestosauce, dem schwarzen Pfeffer und den halbierten Kirschtomaten mischen.
6. Vor dem Servieren nach Belieben mit frischen Basilikumblättern garnieren.

81. Zitrone, Knoblauch, Garnelen und Spargel

Was wir brauchen:
- 1 Pfund große Garnelen, gewaschen
- 1 Bund frischer, gestutzter Spargel
- 4 gehackte Knoblauchzehen
- 2 Esslöffel Öl
- Salz und schwarzer Pfeffer, nach Geschmack
- Petersilie, zum Garnieren

Vorbereiten:
1. Die geschälten und entdarmten Garnelen, den geschnittenen und geputzten Spargel, den gehackten Knoblauch, das Salz, den Zitronensaft, das Pflanzenöl, die Zitronenschale und den schwarzen Pfeffer in eine große Schüssel geben. Alles gut durchmischen, damit alles bedeckt ist.
2. Eine große Pfanne bei niedriger bis mittlerer Hitze aufwärmen. Die Garnelen und den Brokkoli in die Pfanne geben.
3. Etwa 4 bis 5 Minuten kochen, dabei ab und zu umrühren, sobald die Garnelen rosa und undurchsichtig werden und der Spargel zart und knackig ist.
4. Optional: Kurz vor dem Servieren mit gehackter frischer Petersilie bestreuen.

82. Gefüllte Paprikaschoten

Was wir brauchen:
- 5 große Paprikaschoten, beliebige Farbe
- 1 Pfund klein gewürfeltes Rindfleisch
- 1 Tasse Blumenkohlreis
- 1 Tasse gehackte Tomaten
- ½ Tasse fein gehackte Zwiebel
- 3 zerdrückte Knoblauchzehen
- 1 Teelöffel Oregano
- Salz und schwarzer Pfeffer, nach Geschmack
- Geriebener Käse, zum Bestreuen

Vorbereiten:

1. Heizen Sie Ihren Ofen auf 375 Grad Fahrenheit (190 Grad Celsius) vor.
2. Schneiden Sie die Paprikaschoten in ein winziges Stück von der Unterseite, um eine ebene Fläche zu erhalten.
3. Das Hackfleisch (oder die Pute) in einem Kochtopf bei starker Hitze anbraten. Die Zwiebel und den Knoblauch im Topf mischen. Die Zwiebel einige Minuten anbraten, sobald sie goldgelb wird.
4. Den Blumenkohlreis, die Tomaten, das Salz, den Oregano und den schwarzen Pfeffer untermischen. Weitere 5 Minuten kochen lassen, bis die Mischung ganz warm ist.
5. Die vorbereiteten Paprikaschoten mit der Mischung aus Hackfleisch und Brokkolireis füllen. Wenn Sie möchten, können Sie jede gefüllte Paprika mit gehacktem Cheddar-Käse bestreuen.
6. Die gefüllten Paprikaschoten in eine Auflaufform geben und mit Alufolie abdecken. Im vorgeheizten Ofen etwa 25-30 Minuten backen oder bis die Paprika weich sind.

83. Gegrilltes Koriander-Limetten-Hühnchen

Was wir brauchen:

Für das Koriander-Limetten-Hähnchen:
- Gehackte 2 Knoblauchzehen
- 5 Hühnerbrüste ohne Knochen
- 2 Esslöffel Pflanzenöl
- 1 Teelöffel geriebener Kreuzkümmel
- Paprika ½ Teelöffel
- Pfeffer nach Geschmack
- Schale und Saft von 2 Limetten
- Salz nach Bedarf

Für die Avocado-Salsa:
- 2 Avocados, gewürfelt
- 1 Tasse gewürfelte Tomaten
- ¼ Tasse fein gewürfelter frischer Koriander
- ¼ Tasse gewürfelte Zwiebel
- Saft von 1 Limette
- Salz nach Geschmack
- Schwarzer Pfeffer nach Geschmack

Vorbereiten:

1. Pflanzenöl, gehackten Knoblauch, Kreuzkümmel und Gewürz sowie Limettenschale, Saft der Limette, Salz und schwarzen Pfeffer in einer Schüssel vermischen. Für die Sauce verrühren.

2. Die Hähnchenbrüste mit der Marinade bestreichen und in einen Beutel mit Reißverschluss oder in eine kleine Schale legen. Den Beutel oder die Schale verschließen und für mindestens 30 Minuten in den Kühlschrank stellen.
3. Erhitzen Sie den Grill auf eine mäßig hohe Temperatur.
4. Die marinierten Hähnchenbrüste etwa 6 bis 7 Minuten pro Seite grillen, so dass sie durchgebraten sind und Grillstreifen aufweisen.
5. Für die Avocado-Salsa in einer separaten Schüssel Avocadowürfel, Tomaten, gehackten Koriander, gewürfelte Zwiebel, gehackten Limettensaft, Salz und schwarzen Pfeffer mischen.
6. Geben Sie eine große Portion Avocado-Salsa auf das gegrillte Koriander-Limetten-Hähnchen.

84. Lamm mit Spargel

Was wir brauchen:
- 3 Pfund Lammkeule mit Knochen
- 5 Tassen frischer Spargel
- Drei gehackte Knoblauchzehen
- 12 Teelöffel getrockneter Thymian
- 1/4 Tasse frische, gehackte Minze
- ¼ Tasse Wasser
- Zwei Esslöffel Butter aus Weidehaltung
- ½ Teelöffel getrocknete Petersilie
- Nach Bedarf pfeffern und salzen.

Vorbereiten:
1. Nach dem Trocknen wird das Lammfleisch mit einer Mischung aus Salz, Thymian, Petersilie und Pfeffer eingerieben.
2. Um die Butter leichter zu verarbeiten, können Sie sie in einer großen Schüssel in die Mikrowelle stellen.
3. Das Lammfleisch dazugeben und insgesamt etwa fünf Minuten lang von beiden Seiten braten.
4. Legen Sie das Lamm auf das Element, das den Ofen aufheizt.
5. Je nach Situation sollten Knoblauch und Minze hinzugefügt werden.
6. Gießen Sie Wasser ein.
7. In einem relativ geringen Abstand zum Deckel der Pfanne.
8. Die Zubereitung sollte zehn Stunden bei niedriger------Hitze erfolgen. Nach Ablauf der vorgegebenen Zeit das Lamm aus dem Ofen nehmen und an einen anderen Ort legen.
9. Nachdem das Lamm wieder auf die Oberfläche des Gemüses im Kochtopf gelegt wurde, was der letzte Schritt war, den Spargel hinzufügen.

10. Danach den Deckel des Topfes aufsetzen und noch zwei Stunden weiterköcheln lassen.
11. Aufschlagen!

85. Zoodles mit Fleischbällchen in italienischer Sauce

Was wir brauchen:
- 1 mittlere gedrehte Zucchini
- 2 Tassen Rinderbrühe
- 1 Esslöffel geschnittene Zwiebel 2 Rippen gehackter Sellerie
- 1 Karotte, die in kleine Stücke geschnitten wurde
- 1 Tomate, mittelgroß, gewürfelt;
- 6 Knoblauchzehen, zerdrückt
- 1 ½ Pfund Rinderhackfleisch
- 1 ½ T. Knoblauchsalz
- ½ und eine halbe Tasse geriebener Parmesankäse
- 1 großes Ei
- ½ Teelöffel schwarzer Pfeffer
- 4 Esslöffel fein gehackte frische Petersilie
- Trocken gehackte Zwiebeln
- Rosa Himalaya-Salz
- 1 Esslöffel von jedem
- Italienisches Gewürz, getrockneter Oregano Italienisches Gewürz

Vorbereiten:
1. Schalten Sie den Herd ein und stellen Sie ihn auf eine niedrige Temperatur.
2. Karotte, Zucchini, Zwiebel, Sellerie, Tomate, Knoblauchsalz und Rinderbrühe in den langsamen Kocher geben. Setzen Sie den Deckel wieder auf.
3. In einer Schüssel oder einem anderen Behälter Hackfleisch, Parmesan, Petersilie, italienische Gewürze, Ei, Pfeffer, Meersalz, Oregano, Knoblauchpaste und Zwiebelpulver vermischen. Kombinieren und dann zu dreißig golfballgroßen Fleischbällchen rollen.
4. Das Öl in einem Herd auf mittlerer bis hoher Stufe auf Temperatur bringen. Sobald es heiß ist, die angebratenen Fleischbällchen in den langsamen Kocher geben.
5. Auf niedriger Stufe zubereiten und dabei den Deckel sechs Stunden lang aufbehalten.

86. Curry-Blumenkohlsuppe

Was wir brauchen:
- 3 Tassen Wasser
- Ein kleiner Blumenkohl
- Ungesalzene Butter (ein Teelöffel)
- Eine Zwiebel, gehackt
- Saure Sahne (½ Tasse)
- Currypulver (zwei Teelöffel)
- Knoblauch, gehackt (2 Teelöffel)
- Koriander, gehackt

Vorbereiten:
1. Wenn Sie eine große Pfanne verwenden und diese auf mittlerer Stufe erhitzen, ist sichergestellt, dass die Butter gründlich geschmolzen wird.
2. Die Zwiebel und der Knoblauch sollten etwa drei Minuten lang gekocht werden.
3. Den Blumenkohl, das Currypulver und das Wasser in einer großen Schüssel vermischen.
4. Nachdem die Zutaten aufgekocht sind, die Hitze auf ein langsames Köcheln reduzieren.
5. Etwa zwanzig Minuten lang auf niedriger Stufe köcheln lassen.
6. Geben Sie die Zutaten in eine Küchenmaschine und pürieren Sie sie, bis das Ergebnis breiig und cremig wie Seide ist.
7. Den Vorgang des Umfüllens der Suppe in den Kochtopf wiederholen.
8. Den fein gehackten Koriander und die saure Sahne untermischen.

87. Shrimp-Soße

Was wir brauchen:
- 3 Stück Speck in Streifen
- 2 Esslöffel Ghee oder Margarine, die nicht gesalzen wurde
- 1 grüne Ringer-Paprika, in Scheiben geschnitten
- ½ Tasse Zwiebeln, in Würfel geschnitten
- 1 Knoblauchzehe, entweder fein gehackt oder zu einer Paste zermahlen.
- 1 Pfund Riesengarnelen, geschält und entdarmt, etwa 30 Stück
- 2 Esslöffel feinkörniges Salz aus dem Meer
- ½ Esslöffel dunkler, gemahlener Pfeffer
- ½ Tasse Hühnerknochenbrühe

Vorbereiten:
1. Den Speck in einer gusseisernen Pfanne bei mittlerer Hitze etwa 4 Minuten lang knusprig braten. Nehmen Sie ihn aus der Pfanne und stellen Sie ihn an einem sicheren

Ort beiseite. Bewahren Sie das Fett in der Pfanne auf, damit Sie es später verwenden können.

2. Nachdem Sie das Ghee mit dem Speckfett in die Pfanne gegeben haben, schalten Sie die Hitze auf mittlere Stufe herunter. Die Zwiebeln und die Paprika in die Pfanne geben und alles etwa fünf Minuten lang kochen, bis die Zwiebeln weich sind. Nach ein oder zwei Minuten den Knoblauch hinzugeben und weiterbraten.

3. Die Garnelen sollten mit Salz und Pfeffer gewürzt werden. Nachdem die Garnelen in die Pfanne gegeben wurden, die Hitze auf mittlere bis hohe Stufe stellen und unter ständigem Rühren etwa vier Minuten lang weiterbraten, bis die Garnelen braun und nicht mehr durchsichtig sind. Die Garnelen sollten mit einem Löffel mit offenem Ende auf eine heiße Platte gelegt und dann an einen sicheren Ort gestellt werden.

4. Die Brühe bei mittlerer Hitze in die Pfanne umfüllen und mit einem Schneebesen in den Boden der Pfanne einarbeiten, um sie abzulöschen. Dann die Pfanne vom Herd nehmen, die Garnelen mit der Sauce mischen und umrühren, bis sie bedeckt sind.

88. Blumenkohl-Reis und Luau-Schweinefleisch

Was wir brauchen:
- 1 Tasse Schweinefleisch
- Schweinebraten mit einem Gewicht von drei Pfund
- 1,5 Gramm herkömmliches Speisesalz
- Zwei Teelöffel der Flüssigkeit aus dem Hickoryholz
- Vier einzelne Stücke Speck
- Fünf einzelne Knoblauchzehen
- Blumenkohl entspricht drei Tassen davon.
- Ein Viertel Teelöffel Knoblauchpaste
- 2 Teelöffel Hühnerbrühe 0,25 Teelöffel Salz

Vorbereiten:
1. Wenn Sie den Speck auf der Innenseite des Kochers verteilt haben, streuen Sie die Knoblauchzehen gleichmäßig darüber.
2. Nach der Zubereitung sollte der Braten gewürzt werden, bevor er in den langsamen Kocher gegeben wird.
3. Es ist notwendig, die Hickory-Flüssigkeit in die Kombination einzubeziehen.
4. Nachdem Sie die ersten sechs Stunden der gesamten Garzeit bei hoher Hitze verbracht haben, reduzieren Sie die Hitze für die letzten zwei Stunden des Verfahrens auf eine niedrige Stufe.
5. Es wird dringend empfohlen, den Blumenkohl zu dämpfen.
6. Geben Sie sie zu der Mischung, die jetzt in der Küchenmaschine zu Pulver zerkleinert wird.

7. Es ist angebracht, beide gleichzeitig zu bedienen.

89. Rinderbraten-Eintopf

Was wir brauchen:
- Mehl (¼ Tasse)
- Knoblauch (2 Teelöffel)
- Thymian (1 Teelöffel)
- Pflanzliches Öl
- Eine Karotte
- ½ süße Zwiebel, gewürfelt
- Wasser
- Rinderbrühe, zubereitet (1 Tasse)
- 2 Stangen Staudensellerie
- Rinderfiletbraten, ohne Knochen (½ Pfund)
- 1 Teelöffel Speisestärke
- Geriebener schwarzer Pfeffer
- 2 Esslöffel Petersilie, gehackt

Vorbereiten:
1. Heizen Sie den Ofen vor (350°F). Den schwarzen Pfeffer und das Mehl in einen großen Gefrierbeutel geben und gut durchmischen.
2. Die Rindfleischstücke in den Beutel geben und durchschwenken, um sie zu panieren. Den ofenfesten Topf mit Pflanzenöl erhitzen.
3. Die Rindfleischstücke einige Minuten lang backen, so dass sie braun werden. Das Rindfleisch herausnehmen und auf einer Platte beiseite stellen.
4. Nachdem Sie den Knoblauch und die Zwiebel in den Topf gegeben haben, lassen Sie sie etwa drei Minuten köcheln. Während Sie den Topf ablöschen und eventuelle Reste vom Boden entfernen, geben Sie sie in die Rinderbrühe.
5. Etwas Wasser, Karotten, Sellerie, Rinderfett und Thymian auf einen Teller geben. Den Topf auf den Herd stellen und den Deckel fest verschließen.
6. Den Eintopf unter gelegentlichem Umrühren etwa 1 Stunde lang backen. Den Eintopf vom Herd nehmen.
7. Maisstärke und 2 Teelöffel Wasser hinzufügen und in den heißen Eintopf einrühren, um die Soße zu binden. Mit schwarzem Pfeffer würzen. Mit Petersilie servieren.

90. Hühner-Nudel-Suppe

Was wir brauchen:
- Hühnerbrühe (1 ½ Tassen)
- Salz
- Gekochtes Huhn (1 Tasse)
- Wasser
- Schwarzer Pfeffer
- Karotte (¼ Tasse)
- Geflügelgewürz (¼ Teelöffel)
- Ungekochte Eiernudeln (2 oz.)

Vorbereiten:
1. Geben Sie die Brühe und das Wasser in den langsamen Kocher. Pfeffer, Salz und Geflügelgewürz hinzugeben.
2. Die Karotte schneiden und das Huhn in Streifen schneiden. Beides zu den Nudeln und der Suppe geben.
3. Etwa 25 Minuten lang kochen. Wenn sie fertig sind, servieren Sie sie, nachdem Sie sie einige Augenblicke abgekühlt haben.

91. Gebackener Kabeljau mit Zitrone und Kräutern

Was wir brauchen:
- 4 Kabeljaufilets
- Saft und Schale von 1 Zitrone
- 3 Knoblauchzehen, zerdrückt
- 2 Esslöffel Pflanzenöl
- 1 Teelöffel trockene Petersilie
- 1 Teelöffel getrockneter Dill
- Salz nach Geschmack
- Frischer Dill zum Garnieren
- Schwarzer Pfeffer nach Geschmack

Vorbereiten:
1. Stellen Sie Ihren Backofen auf 190 Grad Celsius ein.
2. In einer großen Schüssel alle Zutaten - Zitronenschale, Zitronensaft, Pflanzenöl, zerdrückter Knoblauch, schwarzer Pfeffer, Salz, Petersilie und Dill - zu einer Marinade vermengen.
3. Die Kabeljaufilets in einen Bratentopf legen.
4. Marinieren Sie die Kabeljaufilets, indem Sie sie mit der Marinade übergießen und ein paar Mal wenden, damit sie gleichmäßig bedeckt sind.

5. Den Fisch im vorgeheizten Backofen ca. 15-20 Minuten backen, so dass er sich mit einer Gabel leicht auflockern lässt.
6. Vor dem Servieren mit frischem Dill garnieren, falls gewünscht.

92. Gegrillte Hähnchenbrust mit Zitronen-Kräutern

Was wir brauchen:
- Schale und Saft von 2 Zitronen
- 5 Hühnerbrüste ohne Knochen und ohne Haut
- 2 Knoblauchzehen, zerdrückt
- 2 Esslöffel Pflanzenöl
- 1 Teelöffel Oregano
- 1 Teelöffel getrockneter Thymian
- Nach Belieben, Salz und schwarzer Pfeffer
- Frische Petersilie, für die Dekoration

Vorbereiten:
1. Für die Marinade die Limettenschale, den Saft einer Zitrone, den gehackten Knoblauch, den getrockneten Oregano, den gebackenen Thymian, den gehackten Knoblauch, das Pflanzenöl und je eine Prise Pfeffer und Salz in eine Schüssel geben.
2. Die Hähnchenbrüste mit der Marinade bedecken und in eine flache Schale oder einen Behälter mit Reißverschluss geben. Stellen Sie sicher, dass die Schale oder der Beutel abgedeckt ist und mindestens dreißig Minuten lang im Kühlschrank steht.
3. Erhöhen Sie die Temperatur des Grills auf eine mittlere bis hohe Stufe.
4. Die Hähnchenbrüste sollten nach dem Marinieren 6 bis 7 Minuten pro Seite gegrillt werden, oder bis sie durchgegart sind und Grillspuren aufweisen.
5. Falls gewünscht, garnieren Sie das Gericht kurz vor dem Servieren mit frischer Petersilie.

93. Pikanter Blumenkohlreis mit Putenhackfleisch

Was wir brauchen:
- 1 Pfund Putenhackfleisch
- 4 Tassen Blumenkohlreis
- 1 Paprika, gewürfelt
- 2 gehackte Knoblauchzehen
- 1 Teelöffel rote Chiliflocken
- ½ Tasse gewürfelte Zwiebel
- 3 Esslöffel Pflanzenöl
- ½ Teelöffel Kreuzkümmel

- Schwarzer Pfeffer und Salz nach Geschmack
- Frischer Koriander, für die Dekoration

Vorbereiten:
1. Das Pflanzenöl in einer Pfanne bei starker Hitze zum Kochen bringen.
2. Den gehackten Knoblauch und die gewürfelten Zwiebeln in die Pfanne geben. Die Zwiebeln einige Minuten lang anbraten, bis sie glasig werden, und dann vom Herd nehmen.
3. Den zerkleinerten Truthahn in die bereits benutzte Pfanne geben. Braten, bis er gebräunt und durchgebraten ist, dabei mit einem Löffel zerkleinern.
4. Nachdem Sie die in Scheiben geschnittene Paprikaschote ganz in die Pfanne gegeben haben, kochen Sie die Mischung noch zwei bis drei Minuten weiter, damit die Paprikaschote anfängt, zarter zu werden.
5. Chilipulver, Kreuzkümmel, Cayennepfeffer, Salz und schwarzer Pfeffer sind die folgenden Zutaten, die der Putenmischung vor dem Würzen zugefügt werden sollten.
6. Mischen Sie alles gründlich durch, damit sich alle Gewürze gleichmäßig verteilen.
7. Um den Blumenkohlreis zuzubereiten, geben Sie ihn in die Pfanne und braten ihn unter Rühren etwa fünf bis sieben Minuten lang an. Während dieser Zeit sollten Sie warten, bis er gar ist und die Aromen vollständig aufgenommen hat.
8. Schmecken Sie die Zutaten ab und nehmen Sie gegebenenfalls Anpassungen vor, z. B. durch Hinzufügen von Salz, Pfeffer oder Cayennepfeffer.
9. Servieren Sie den pikanten Blumenkohlreis mit Putenhackfleisch heiß und garnieren Sie ihn nach Belieben mit frischem Koriander.

SNACKS

94. Mit Guacamole gefüllte Gurkenhäppchen

Was wir brauchen:
- 2 Salatgurken
- 2 reife Avocados
- 1 kleine, gewürfelte Tomate
- ¼ Tasse fein gehackte Zwiebel
- 2 Esslöffel gehackter frischer Koriander
- Saft von 1 Limette
- Rote Paprikaflocken
- Nach Geschmack Salz und schwarzer Pfeffer

Vorbereiten:
1. Schneiden Sie die Gurken in dünne Scheiben und entfernen Sie die Kerne aus jeder Scheibe mit einem Melonenausstecher oder einem kleinen Löffel. Dabei sollte in der Mitte jeder Gurke eine kleine Vertiefung bleiben. Legen Sie sie beiseite.

2. Die reifen Avocados in einer Schüssel pürieren, bis sie eine cremige Konsistenz haben.
3. Zu der pürierten Avocado die gewürfelte Tomate, die fein gewürfelte rote Zwiebel, den gehackten Koriander, den Limettensaft sowie Salz, schwarzen Pfeffer und rote Paprikaflocken (falls gewünscht) hinzufügen. Für die Guacamole können Sie alle Zutaten in einer Rührschüssel vermischen.
4. Füllen Sie jede Gurkenrunde mit einem Löffel Guacamole.
5. Die mit Guacamole gefüllten Gurkenhäppchen auf einer Servierplatte anrichten.
6. Servieren und genießen Sie diese erfrischenden Snacks!

95. Caprese-Spieße mit Balsamico-Glasur

Was wir brauchen:
- Spieße aus Holz
- 20 frische Mozzarella-Käsekugeln
- 20 Kirschtomaten
- 20 frische Basilikumblätter
- Balsamico-Glasur (etwa 1/4 Tasse)

Vorbereiten:
1. Montieren Sie Ihre Caprese-Spieße, indem Sie eine Kirschtomate, eine Frischkäsekugel und ein einzelnes Blatt frisches Basilikum auf jeden Holzspieß stecken.
2. Die Spieße zum Servieren auf einen Teller legen.
3. Die Spieße kurz vor dem Servieren mit Balsamico-Glasur beträufeln.
4. Diese Caprese-Spieße sind ein köstlicher und visuell ansprechender Snack.

96. Gurken-Sahne-Käse-Roll-Ups

Was wir brauchen:
- schwarzer Pfeffer und Salz, nach Geschmack
- 1 Salatgurke
- 4 Unzen Käse
- Knoblauchpaste
- ¼ Tasse gewürfelte Zwiebel
- Knoblauchpaste ¼ Teelöffel

Vorbereiten:
1. Die Gurke mit einem Gemüseschäler oder einem Mandolinenhobel der Länge nach in lange, dünne Scheiben schneiden.
2. In einer großen Schüssel den geschmolzenen Käse, die gehackten gelben und grünen Paprikaschoten, die gehackte rote Zwiebel, den zerdrückten Knoblauch, das Salz und den schwarzen Pfeffer verquirlen, bis alles gut vermischt ist.

3. Legen Sie einen Gurkenstreifen auf die Oberfläche und bestreichen Sie ihn dann hauchdünn mit der Frischkäsemischung.
4. Den Gurkenstreifen in ein Brötchen mit der Frischkäsefüllung einwickeln.
5. Mit dem Rest der Gurkenscheiben genauso verfahren.
6. Die Gurken- und Frischkäse-Röllchen auf einer Servierplatte anrichten.
7. Vor dem Servieren etwas abkühlen lassen, um einen erfrischenden Snack zu erhalten.

97. Griechischer Joghurt mit Beeren und Mandeln

Was wir brauchen:
- 2 Tassen griechischer Joghurt (ungesüßt)
- ½ Tasse gemischte Beeren
- 3 Esslöffel gehobelte Mandeln
- 1 Teelöffel Honig
- Minzblätter zum Verzieren

Vorbereiten:
1. Den griechischen Joghurt in eine Schüssel geben und mit einem Löffel zerdrücken.
2. Verschiedene Beeren und gehobelte Mandeln sind ein leckerer Belag für Joghurt.
3. Eventuell mit Honig beträufeln, um dem Ganzen einen Hauch von Süße zu verleihen.
4. Nach Belieben mit frischen Minzblättern garnieren.
5. Dieser Joghurt mit Mandeln und Beeren ist ein cremiger, fruchtiger und sättigender Snack.

98. Parmesan-Zucchini-Chips

Was wir brauchen:
- 2 mittelgroße Zucchinis
- ½ Teelöffel Knoblauchpaste
- ½ Tasse geriebener Käse
- ¼ Tasse Mandelmehl
- Mit Salz und schwarzem Pfeffer abschmecken,
- 1 Ei, flachgedrückt

Vorbereiten:
1. Heizen Sie den Ofen vor. Ein Backblech mit Pergamentpapier auslegen.
2. Die Zucchinis sollten in dünne Scheiben geschnitten werden.
3. In einer Schüssel den geriebenen Käse, die Knoblauchpaste, das Mandelmehl, den schwarzen Pfeffer, das Salz und den getrockneten Oregano vermischen.
4. Sobald alle Zucchini in das verquirlte Ei getaucht und der Überschuss entfernt wurde, werden sie mit einer Mischung aus Semmelbröseln und Parmesankäse bedeckt.

5. Die abgedeckten Zucchinirunden auf das organisierte Bratblech legen.
6. Die Zucchini-Chips im vorgeheizten Ofen etwa 15 bis 20 Minuten rösten, damit sie eine goldene Farbe und eine knusprige Konsistenz bekommen.
7. Vor dem Servieren aus dem vorgeheizten Ofen nehmen und etwas abkühlen lassen. Krümel.
8. Diese Zucchini-Chips mit Parmesan sind ein knuspriger und schmackhafter Snack.

99. Deviled Eggs mit Speck

Was wir brauchen:
- 6 hartgekochte Eier, geschält und halbiert
- 3 Esslöffel Mayonnaise
- 2 Teelöffel Dijon-Senf
- 2 Streifen gekochter Speck, zerkrümelt
- 1 Teelöffel gehackter frischer Schnittlauch
- Nach Geschmack Salz und schwarzer Pfeffer
- Geräucherter Paprika

Vorbereiten:
1. Die hartgekochten Eier der Länge nach halbieren und dann das Eigelb von allen Seiten vorsichtig herauslösen.
2. In einer Schüssel die Eigelbe mit Mayonnaise, Dijon-Senf, zerbröseltem Speck, Salz, gehacktem Schnittlauch und schwarzem Pfeffer glatt pürieren.
3. Das Eiweiß in zwei Hälften teilen und in jede Hälfte einen Teil der Eigelbmischung geben.
4. Eine Prise geräucherter Paprika ist eine optionale Beilage.
5. Die gefüllten Eier mit Speck auf einer Servierplatte anrichten.
6. Genießen Sie diese schmackhaften und proteinreichen Snacks!

100. Räucherlachs mit Gurke

Was wir brauchen:
- 1 Salatgurke
- 4 Unzen gebratener Lachs
- 4 Esslöffel Frischkäse
- Frischer Dill zum Garnieren
- Zitronenschale

Vorbereiten:
1. Die Gurke in dicke Scheiben schneiden.
2. Auf jede runde Gurke eine dünne Schicht Mozzarella auftragen.

3. Jede Gurkenrunde mit einem Stück gebratenen Lachs spicken.
4. Nach Belieben mit frischem Dill garnieren.
5. Für eine besonders pikante Note mit Zitronenschalen servieren.

101. Mandel- und Kokosnuss-Energie-Bites

Was wir brauchen:
- ¼ Tasse Mandelmehl
- 1 Tasse Mandelbutter
- ½ Tasse Kokosnussraspeln
- ½ Tasse Chiasamen
- ¼ Tasse Schokoladenchips
- 2 Esslöffel Süßstoff (z. B. Erythrit oder Stevia)
- 1 Teelöffel Vanilleextrakt
- Salz

Vorbereiten:
1. In einer Rührschüssel Mandelbutter, Kokosraspeln, Mandelmehl, Chiasamen, zuckerfreie Schokoladenstückchen, Süßstoff, Vanilleextrakt und Salz vermischen.
2. Kombinieren Sie, bis alle Elemente gut vermischt sind.
3. Rollen Sie die Masse mit den Händen zu kleinen Kugeln, die sich zum Naschen eignen.
4. Die Energy Bites in einer einzigen Schicht auf einem mit Backpapier ausgelegten Blech anordnen und das Blech etwa eine halbe Stunde lang im Kühlschrank abkühlen lassen.
5. Damit dieser köstliche Snack im Handumdrehen fertig ist, bewahren Sie ihn in einer luftdichten Dose im Kühlschrank auf.

102. Pikant geröstete Kichererbsen

Was wir brauchen:
- 3 Esslöffel Pflanzenöl
- 1 Tasse Kichererbsen
- geräucherter Paprika 2 Teelöffel
- ½ Teelöffel Chiliflocken
- ½ Teelöffel zerdrückter Knoblauch
- ½ Teelöffel geriebener Kreuzkümmel
- Geriebener Pfeffer und Salz

Vorbereiten:
1. Stellen Sie den Herd auf 200 Grad Celsius ein.
2. Die Kichererbsen abspülen und abtropfen lassen, mit einem Papiertuch gründlich abtupfen und zur Seite legen.

3. Die Bohnen in eine Schüssel geben und das Pflanzenöl, geräucherte Paprika, Chiliflocken, zerdrückten Knoblauch, Salz, Kreuzkümmel und schwarzen Pfeffer hinzufügen. Die Kichererbsen so lange schwenken, bis sie gleichmäßig mit der Pflanzenölmischung bedeckt sind.
4. Die Kichererbsen auf ein Backblech legen, so dass sie eine Schicht bilden.
5. Legen Sie sie in den vorgewärmten Backofen und rösten Sie sie etwa 25-30 Minuten lang, wobei Sie sie während dieser Zeit ein- oder zweimal umrühren, solange sie knusprig sind.
6. Lassen Sie die pikant gerösteten Kichererbsen abkühlen, bevor Sie diesen knusprigen und herzhaften Snack genießen.

103. Mini-Glockenpaprika-Nachos

Was wir brauchen:
- Mini-Paprikaschoten
- ½ Tasse gewürfeltes Rindergewürz für Tacos
- ½ Tasse zerkleinerter Cheddar-Käse
- In Scheiben geschnittene Jalapeños (optional)
- Guacamole, Salsa oder saure Sahne zum Dippen (optional)

Vorbereiten:
1. Die Kerne entfernen und die Mini-Paprikaschoten halbieren.
2. Füllen Sie jede Paprikahälfte mit einem Löffel gekochtes Rinder- oder Putenhackfleisch.
3. Vor dem Servieren mit geriebenem Cheddar-Käse bestreuen.S
4. Wenn Sie es scharf mögen, fügen Sie geschnittene Jalapeños hinzu.
5. Die Mini-Paprika-Nachos auf ein Backblech legen.
6. Schalten Sie den Ofen auf hohe Stufe und backen Sie den geriebenen Käse zwei Minuten lang, damit er weich wird und blubbert.
7. Nach Belieben mit Guacamole, Salsa oder Sauerrahm zum Dippen genießen.

104. Blumenkohl-Büffel-Häppchen

Was wir brauchen:
- 1 Blumenkohlkopf, in mundgerechte Röschen zerteilen und beiseite stellen.
- ½ Tasse Mehl
- ½ Tasse Mandelmilch
- ¼ Tasse scharfe Sauce (je nach gewünschter Schärfe)
- Knoblauchpaste 1 Teelöffel
- Schwarzer Pfeffer und Salz zum Abschmecken
- Blauschimmelkäse für das Dressing

Vorbereiten:

1. Bereiten Sie Ihren Ofen mit einem Backblech und Backpapier vor.
2. Für den Teig das Mandelmehl, die Mandelmilch, die scharfe Soße, die Knoblauchpaste, etwas Salz und schwarzen Pfeffer in eine Schüssel geben.
3. Nachdem Sie jedes Blumenkohlröschen in den Teig getaucht und sichergestellt haben, dass es gleichmäßig bedeckt ist, legen Sie es auf das Backblech.
4. Den Blumenkohl im vorgeheizten Ofen etwa 20 bis 25 Minuten rösten, nach der Hälfte der Garzeit wenden, bis er goldgelb und knusprig braun ist.
5. Wenn Sie möchten, können Sie Ihre Buffalo-Blumenkohl-Chips mit Blauschimmelkäse-Ranch oder Ranch-Dressing zum Dippen servieren.

105. Knuspriger Käse

Was wir brauchen:

- 1 Tasse geschredderter Käse (oder Ihr bevorzugter Käse)
- ¼ Teelöffel Paprika
- ¼ Teelöffel Knoblauchpaste
- ¼ Teelöffel getrocknete Kräuter

Vorbereiten:

1. Stellen Sie den Ofen auf eine Temperatur von 375 Grad Fahrenheit (190 Grad Celsius) ein. Eine Backform sollte mit Backpapier ausgekleidet werden.
2. Nehmen Sie eine Schüssel und mischen Sie den geriebenen Cheddar-Käse mit beliebigen Gewürzen (Paprika, Knoblauchpaste, getrocknete Kräuter).
3. Die Käsemasse in kleine Häufchen teilen und diese mit Abstand auf das Pergamentpapier setzen.
4. Drücken Sie mit der Rückseite eines Löffels jeden Hügel vorsichtig in eine etwas flachere Form.
5. Die Käsechips in den vorbereiteten Ofen schieben und ca. 5-7 Minuten backen, bis sie goldbraun sind und Blasen werfen.
6. Wenn Sie bereit sind, diese knusprigen Keto-Käsechips zu essen, nehmen Sie sie aus dem erhitzten Ofen und lassen Sie sie ein paar Minuten abkühlen.

106. Frikadellen

Was wir brauchen:

- 1 kg Rindfleisch, das mit Gras aufgezogen wurde
- Insgesamt vier Tassen Rinderbrühe
- Das Äquivalent von vier Esslöffeln zuckerfreiem Tomatenmark
- Kreuzkümmel in der Größenordnung von zwei Esslöffeln

- Würzen mit zwei Esslöffeln italienischem Oregano
- Paprika, nach Geschmack, zwei Esslöffel
- Nach Bedarf können Pfeffer und Salz verwendet werden.

Vorbereiten:
1. Mischen Sie das Fleisch mit den Gewürzen und rollen Sie die Masse zu Kugeln.
2. Legen Sie es in den Slow Cooker, den Sie haben.
3. Die Brühe und das Tomatenmark in einem Mixer zu einer glatten Masse verarbeiten.
4. Die Fleischbällchen in die Pfanne geben, wo sie garen sollen.
5. In unmittelbarer Nähe des Deckels der Pfanne.
6. Zwei Stunden lang bei hoher Temperatur in den Ofen schieben
7. Bitte heiß servieren!

107. Süß-würzige Garnelen

Was wir brauchen:
- Zwei Kilogramm rohe Garnelen, die ausgepackt und gesäubert wurden
- 3/4 Tasse Pflanzenöl
- Eine kleine Menge getrocknete Chiliflocken
- Stevia in flüssiger Form, vier Esslöffel voll
- Ein Teelöffel edelsüßes Paprikapulver
- Sriracha nach Geschmack, zwei Esslöffel
- Nach Bedarf können Pfeffer und Salz verwendet werden.

Vorbereiten:
1. Pflanzenöl, Stevia, Sriracha, Chiliflocken, Paprika, Pfeffer und eine Prise Salz in einer Pfanne vermischen.
2. In unmittelbarer Nähe des Deckels der Pfanne.
3. Eine halbe Stunde lang bei hoher Temperatur im Ofen backen.
4. Schmecken Sie die Sauce ab und passen Sie die Menge an Süße und Schärfe Ihren Vorlieben entsprechend an.
5. Nachdem Sie die rohen Garnelen hinzugefügt haben, verquirlen Sie die Mischung, um sie zu überziehen.
6. In unmittelbarer Nähe des Deckels der Pfanne.
7. Er wird zehn Minuten lang bei hoher Temperatur gegart.
8. Aufschlagen!

108. Käsige Spaghetti Squash

Was wir brauchen:
- Ein großer Spaghettikürbis, der etwa 5 Pfund wiegt
- 3/4 Tasse zerkleinerter Mozzarella
- Hüttenkäse, entsprechend 5 Unzen
- ¼ Tasse gehackte Petersilie
- 14 Tassen Butter von grasgefütterten Kühen
- 1 Unze und 5 Unzen geriebener Parmesankäse
- Zwei gehackte Knoblauchzehen
- Pfeffer und Salz

Vorbereiten:
1. Schneiden Sie den Kürbis der Länge nach in zwei Hälften und schneiden Sie ihn Stück für Stück auf.
2. Legen Sie sie mit der Schnittfläche nach unten in den langsamen Kocher, direkt neben den Deckel des Topfes.
3. Bereiten Sie es zu, indem Sie es zwei bis drei Stunden lang bei hoher Temperatur kochen.
4. Nehmen Sie den Kürbis vorsichtig aus dem Ofen, sobald der Timer abgelaufen ist.
5. Die Butter und den Knoblauch in die Pfanne geben, damit sie schmelzen.
6. Entfernen Sie die Kerne aus dem gekochten Kürbis und schützen Sie dabei Ihre Hände mit Ofenhandschuhen.
7. Nachdem Sie das Fleisch mit einer Gabel von den Knochen getrennt haben, kehren Sie in die Küche zurück, um das Essen zuzubereiten.
8. Den Hüttenkäse mit dem Parmesankäse in einer Schüssel vermengen.
9. Mit ein wenig Pfeffer und Salz abschmecken.
10. Danach mit dem Schneebesen gründlich verrühren.
11. Der Mozzarella sollte darüber gestreut werden, und dann sollte die Schüssel nahe an den Deckel des langsamen Kochers geschoben werden, damit die zusätzliche Hitze den Käse schmelzen kann.
12. Bevor Sie zugreifen, streuen Sie die gehackte Petersilie darüber.

109. Grüne Bohnen mit Prosciutto und Knoblauch

Was wir brauchen:
- 5 kg frisch geerntete grüne Bohnen
- 4 Unzen Prosciutto
- Zehn gehackte Knoblauchzehen
- Ein Drittel einer Tasse brauner Zuckerersatz namens Sukrin Gold.

- Gerade so viel Wasser, dass die Bohnen bedeckt sind Den Teig vorsichtig auf das Pergamentpapier geben
- ½ Tasse Butter von grasgefütterten Kühen
- Um den Geschmack zu verbessern, wurden Pfeffer und Salz hinzugefügt.

Vorbereiten:
1. Geben Sie alles in den Topf oder auf den Herd.
2. Nach einer Stunde bei hoher Temperatur vier Stunden bei niedriger Temperatur garen.
3. Danach probieren Sie es aus, und wenn Sie der Meinung sind, dass es mehr Salz oder Pfeffer braucht, geben Sie etwas mehr von diesen Gewürzen hinzu.

110. Frisches Gemüse mit Kräutern

Was wir brauchen:
- 2 und eine halbe Tasse Zucchini in Scheiben geschnitten
- Zwei Kaffeegläser gefüllt mit gelben Paprikaschoten
- Ein paar Tassen knackiger Spinat
- 1 ½ Tassen süße Zwiebeln
- Eineinhalb Tassen Traubentomaten
- Es gibt ½ Tasse Pflanzenöl.
- ½ Espressotasse Balsamico-Essig
- Zwei Teelöffel frisch gehacktes Basilikum
- Ein Esslöffel frischer, gehackter Thymian

Vorbereiten:
1. In einer großen Schüssel das gesamte Gemüse vermischen.
2. Den Balsamico-Essig und das Pflanzenöl in einem separaten Gefäß zu einer Emulsion verrühren.
3. Die Kräuter in die Schüssel mit dem Dressing mischen.
4. Das Gemüse in den Kochtopf geben.
5. Mischen Sie den Salat mit dem Dressing, decken Sie die Pfanne ab und lassen Sie ihn ein paar Minuten lang ziehen.
6. Es sollte drei Stunden lang bei niedriger Temperatur gekocht werden, wobei jede Stunde umgerührt werden muss.
7. Aufschlagen!

111. Gebratenes Gemüse

Was wir brauchen:
- Gemischtes frisches Gemüse, in Scheiben oder Juliennestücke geschnitten, wie Karotten, Champignons, Erbsen, Brokkoliröschen und Paprika
- Aromastoffe, wie Knoblauch und Ingwer, werden fein gehackt.
- Eiweiß Ihrer Wahl, z. B. Tofu oder Tempera, gewürfelt oder geritzt
- Kochendes Öl Ihrer Wahl, wie Sesamöl oder Pflanzenöl
- Das Gewürz Ihrer Wahl, z. B. Sojasauce oder Teriyaki-Sauce, unter Rühren anbraten.
- Gekochter Reis oder Nudeln

Vorbereiten:
1. Nehmen Sie einen großen Topf und erhitzen Sie einen Teelöffel Öl oder Butter, bis es brutzelt.
2. Zählen Sie den zerdrückten Knoblauch und den Ingwer in erhitztem Öl, um ihren aromatischen Tanz und ihre Geschmacksbasis zu zeigen.
3. Geben Sie das in Scheiben oder Juliennescheiben geschnittene Gemüse in die Pfanne und genießen Sie die leuchtenden Farben und den angenehmen Knack.
4. Braten Sie das Gemüse schnell an und genießen Sie die brutzelnden Geräusche und die zart-knusprige Konsistenz.
5. Die Rührbratensauce über das Gemüse träufeln und schwenken, damit es gleichmäßig bedeckt ist.
6. Noch ein paar Minuten unter Rühren braten, damit die Gewürze aufgenommen werden und die Sauce fest wird.
7. Nehmen Sie den Wok vom Herd und bewundern Sie das bunte Gemüse und den wunderbaren Duft.
8. Genießen Sie das Gemüsepfannengericht mit Reis oder Nudeln, um es noch schmackhafter und herzhafter zu machen.

112. Pizza-Auflauf

Was wir brauchen:
- 2 entbeinte Hühnerbrüste im Paket
- 2 ganze Knoblauchzehen
- 1 gestrichener Teelöffel Gewürz, eine Prise italienischer Pfeffer
- Acht flüssige Unzen Tomatenmark
- 1 Stück frischer Mozzarella eine halbe Tasse 1 Lorbeerblatt, 0,25 Esslöffel Salz

Vorbereiten:
1. Das Huhn in den langsamen Kocher geben.
2. Die übrigen Zutaten, außer dem Käse, untermischen.

3. Bei niedriger Hitze vier Stunden lang backen.
4. Am Ende der Garzeit etwas Käse darüber streuen.

113. Süß-würzige Thai-Pizza

Was Sie brauchen:
- 1 Tasse kochendes Wasser
- 1 Esslöffel Zucker
- 1 Teelöffel Salz
- 1 Esslöffel Sesamöl
- 2 ½ Tassen Allzweckmehl
- 1 Tasse Thai-Sauce (im Laden gekauft oder selbst gemacht)
- 1 Tasse gehackte rohe Erdnüsse
- 1 Esslöffel Thai-Basilikumblätter
- 1 Tasse Mozzarella-Käse

Vorbereiten:
1. In einer Rührschüssel das warme Wasser, den Zucker und die Hefe hinzufügen. 5-10 Minuten warten, damit die Mischung schaumig wird, bevor sie verwendet wird. Dann das Salz und das Sesamöl mit dem Schneebesen einrühren. Das Mehl sollte beim Mischen langsam zugegeben werden, damit der Teig zusammenhält.
2. Den Teig auf einer mit Mehl bestäubten Fläche 5 bis 7 Minuten kneten, bis er glatt und elastisch ist. Der Teig sollte in einer geölten und mit einem feuchten Handtuch abgedeckten Schüssel 1 bis 2 Stunden gehen, bevor er sich verdoppelt hat.
3. Die Temperatur des Ofens auf 245°C einstellen und ein mit Pergamentpapier ausgelegtes Pizzablech zum Aufheizen hineinstellen. Auf einer sauberen Fläche den Teig in der gewünschten Größe und Form ausbreiten. Legen Sie den Teig vorsichtig auf das Pergamentpapier.
4. Die Thai-Sauce gleichmäßig auf dem Pizzateig verteilen, dabei einen kleinen Rand frei lassen. Mit dem Papiertuch die Pizza vorsichtig auf die vorbereitete Platte legen.
5. Etwa zehn bis ½ Minuten backen, damit der Laib braun wird und der Frischkäse weich wird und leicht bräunt. Nachdem Sie die Pizza aus dem Ofen genommen haben, lassen Sie sie einige Minuten abkühlen.
6. Zum Schluss die süß-würzige Thai-Pizza mit frischen Korianderblättern, gehackten rohen Erdnüssen und Thai-Basilikumblättern belegen, um den Geschmack und die Konsistenz zu verfeinern. Genießen Sie Ihre selbstgemachte Thai-Pizza-Kreation!

114. Pfannkuchen

Was wir brauchen:

- 2 Eier
- 2 Unzen erweichte Käsesahne
- ½ Teelöffel Vanilleextrakt
- 2 Esslöffel Mandelmehl
- ½ Teelöffel Backpulver
- Ein wenig Salz
- Süßstoff
- Butter oder Kokosnussöl zum Kochen

Vorbereiten:

1. Vergewissern Sie sich, dass Ihr Frischkäse weich ist und dass Sie alle notwendigen Zutaten zur Hand haben.

2. Nehmen Sie einen Mixer und verrühren Sie die Eier, das Backpulver, den weichen Frischkäse, das Mandelmehl, das Vanilleextrakt und ein wenig Salz. An dieser Stelle können Sie Ihren bevorzugten Süßstoff hinzufügen, wenn Sie Ihre Pfannkuchen eher süß mögen. Verrühren Sie den Teig und warten Sie, bis er gut vermischt und glatt ist. Wenn Sie den Teig ein paar Minuten ruhen lassen, werden Sie feststellen, dass er etwas dicker wird.

3. Bereiten Sie eine Grillplatte oder eine Pfanne vor, indem Sie sie auf kleiner bis mittlerer Flamme erhitzen. Um ein Festkleben zu verhindern, ein wenig Kokosöl untermischen.

4. Sie können Pfannkuchen in jeder gewünschten Größe herstellen, indem Sie löffelweise Teig in der entsprechenden Menge auf die erhitzte Grillplatte geben. Benutzen Sie die Rückseite eines Löffels, um den Teig in der gewünschten Form zu verteilen. Bringen Sie die Flüssigkeit zum Kochen und lassen Sie sie etwa zwei bis drei Minuten köcheln, damit sich an der Oberfläche der Flüssigkeit Blasen bilden.

5. Die Pfannkuchen sollten mit einem Spatel vorsichtig gewendet werden, sobald sich Blasen bilden und die Ränder anfangen, hart zu werden. Die zweite Seite weitere zwei Minuten braten, so dass die Pfannkuchen durch und durch goldbraun und durchgebacken sind.

6. Nehmen Sie die Pfannkuchen aus der Pfanne und legen Sie sie auf eine Servierplatte. Am besten schmecken sie heiß. Sie können sie mit Zutaten wie zuckerfreiem Sirup, frischen Beeren, Schlagsahne (ungesüßt) oder einem Klecks zuckerfreier Nussbutter belegen.

7. Wenn Sie Ihre Pfannkuchen mit einer zusätzlichen Schicht aus Textur und Geschmack versehen möchten, können Sie sie mit gehackten Mandeln, Chiasamen oder ungesüßtem Kakaopulver garnieren.

8. Mit dem restlichen Teig so lange Pfannkuchen backen, bis der Teig aufgebraucht ist. Dieses Rezept ergibt normalerweise 2-4 Pfannkuchen, je nach Größe.

115. Pizza Twist

Was Sie brauchen:

- 1 lb. gewürfeltes Rindfleisch
- 1 kleine Zwiebel, sehr klein gewürfelt
- 1 Tasse frische Maiskörner
- 2 gehackte Knoblauchzehen
- Salz und schwarzen Pfeffer hinzufügen.
- 1 Päckchen Gewürzmischung für Tacos
- ½ Tasse Flüssigkeit
- 1 Tasse abgetropfte und gewaschene schwarze Bohnen aus einer Dose
- 1 Tasse gewürfelte Paprika

Vorbereiten:

1. Das in Scheiben geschnittene Rindfleisch in einer großen Pfanne bei starker Hitze braten, bis es krümelig ist, und mit einer Gabel zerdrücken. Nach zwei bis drei Minuten die Zwiebel und den zerdrückten Knoblauch in die Pfanne geben und kochen, bis sie glasig sind.
2. Die Taco-Gewürzmischung und das Wasser einrühren und die Mischung zwei bis drei Minuten kochen lassen, damit sie eindickt. Mais, kleine Tomaten, schwarze Bohnen und Paprikaschoten untermischen. Das Gemüse weitere 5-7 Minuten kochen, bis es weich ist. Salz und schwarzer Pfeffer sind optionale Gewürze. Vom Herd nehmen und auf die Seite stellen.
3. Auf den Boden jeder Tortillaform einige Stücke des gehackten Käses geben. Im vorgeheizten Ofen fünf bis sieben Minuten überbacken, damit die Tortillas knusprig werden und der Käse schmilzt und sprudelt. Geben Sie einen großen Löffel der Taco-Füllung in jede knusprige Tortillaschale.
4. Geben Sie etwas gehackten Salat, gewürfelte Avocado und saure Sahne darüber. Für einen zusätzlichen Kick träufeln Sie Salsa oder scharfe Soße darüber und bestreuen Sie es mit frischem Koriander.
5. Stellen Sie jede Taco Tuesday Twist-Schale auf einen separaten Teller und servieren Sie sie sofort, solange sie noch heiß und lecker sind. Jeder Bissen dieser einzigartigen Variante der klassischen Tacos ist ein Genuss.

116. Diavola Pizza

Was Sie brauchen:
- 200 ml Hefe für die Bierherstellung
- 12 Laibe Brot
- 2 Esslöffel Pflanzenöl
- 1 Prise Salz
- 400 Gramm Mehl
- Für die Sauce,
- Original Pflanzenöl
- Oregano nach Geschmack Salz nach Geschmack
- 150 g Schinken mit Pfiff
- 250 Gramm Mozzarella
- 400 Gramm Tomatensauce

Vorbereiten:
1. Beginnen Sie mit der Herstellung des Pizzateigs. Nehmen Sie ein Backblech und schmieren Sie es mit ein oder zwei Tropfen Öl ein. Nachdem der Teig ausgerollt wurde, sollte er auf ein Backblech gelegt werden. Bestreichen Sie ihn mit etwas Tomatenmark und schieben Sie ihn in den vorgeheizten Ofen.
2. Die Salami in dünne Scheiben und den Mozzarella in kleine Würfel schneiden. Die Pizza aus dem Ofen nehmen und die Salami und den Käse gleichmäßig darauf verteilen.
3. Etwas Salz, einen Spritzer Öl und etwas Oregano hinzugeben und weitere 20 Minuten rösten, bis alles fertig ist.

117. Vegane Pizza

Was Sie brauchen:
- 6 ganze Kirschtomaten, gehackt.
- Veganer Mozzarella mit einem geringeren Fettgehalt
- 2 Champignonscheiben, geschnitten
- Sechs Esslöffel Tomatenmark
- 1/4 einer roten Zwiebel, gewürfelt
- Frisches, gehacktes Basilikum
- Glutenfreier Pizzateig mit nur drei Zutaten
- Eine Reihe von Anweisungen

Vorbereiten:
1. Bereiten Sie eine Ofentemperatur von 400 Grad Fahrenheit (oder etwa 200 Grad Celsius) vor.

2. Wenn Sie unseren glutenfreien Pizzateig aus nur drei Zutaten verwenden, rösten Sie ihn fünf Minuten lang, bevor Sie mit dem Rest des Prozesses fortfahren.
3. Wenn Sie Pizzateig verwenden, den Sie in einem Geschäft gekauft haben, müssen Sie die Anweisungen auf der Verpackung befolgen.
4. Nachdem Sie die Kruste aus dem Ofen genommen haben, geben Sie Tomatenmark, veganen Mozzarella, Champignons und rote Zwiebeln in einer gleichmäßigen Schicht über den Scheitelpunkt der Kruste.
5. Weitere fünf bis zehn Minuten rösten, bis eine goldbraune Farbe erreicht ist.
6. Nehmen Sie die Pizza aus dem Ofen und bestreichen Sie sie mit Tomaten und Basilikum, bevor Sie sie wieder in den Ofen schieben.

118. Gegrilltes Sandwich

Was wir brauchen:
- Erdnussbutter (2 Esslöffel)
- Gelee (1 Esslöffel)
- Zwei Scheiben Weißbrot
- 2 Teelöffel ungesalzene Butter

Vorbereiten:
1. Heizen Sie den Herd vor.
2. Die Butter auf das Brot geben.
3. Verteilen Sie das Gelee und die Erdnussbutter auf den ungebutterten Flächen.
4. Setzen Sie das Sandwich zusammen und legen Sie es in die Pfanne.
5. Beim Grillen von allen Seiten leicht bräunen.

119. Mini-Burger-Schieber

Was wir brauchen:
Für die Mini-Burger-Patties:
- ½ Pfund gewürfeltes Rindfleisch
- ½ Teelöffel Knoblauchpaste
- Schwarzer Pfeffer und Salz nach Geschmack

Für den Belag des Burgers:
- Mini-Salatblätter
- Kirschtomaten in Scheiben geschnitten
- In Scheiben geschnittene Dillgurken
- Senf und zuckerfreier Ketchup zum Dippen.

Vorbereiten:

1. Nehmen Sie eine große Schüssel und vermengen Sie das gewürfelte Rindfleisch (oder die Pute) mit schwarzem Pfeffer, Knoblauchpaste und Salz. Gut durchmischen.
2. Die Mischung zu kleinen Patties in der Größe von Schieberollen formen.
3. Die winzigen Burger-Patties in einer auf mittelhohe Hitze erhitzten Pfanne oder Bratpfanne von jeder Seite etwa zwei bis drei Minuten backen, damit sie den gewünschten Gargrad erreichen.
4. Stellen Sie Ihre Mini-Burger-Slider zusammen, indem Sie ein Patty auf ein Salatblatt legen und geschnittene Kirschtomaten und Essiggurken hinzufügen.
5. Mit Senf und zuckerfreiem Ketchup zum Dippen servieren.

120. Portobello-Pilz-Burger-Häppchen

Was wir brauchen:
- schwarzer Pfeffer und Salz
- Portobello-Pilzköpfe (einer für jeden Bissen)
- Rinderhackfleisch (oder Truthahnhackfleisch)
- Burgerbelag nach Wahl (z. B. Salat, Tomate, Käse, Zwiebeln)
- Pflanzliches Öl

Vorbereiten:
1. Bereiten Sie Ihren Grill auf 400 Grad Fahrenheit (200 Grad Celsius) vor.
2. Die Stiele der Austernpilzkappen entfernen und die Kappen leicht mit Pflanzenöl bestreichen, bevor sie beiseite gestellt werden. Nach Geschmack etwas Salz und frisch gemahlenen schwarzen Pfeffer hinzufügen.
3. Die Pilzköpfe etwa fünf Minuten auf jeder Seite backen, so dass sie zart und leicht verkohlt werden.
4. Während die Pilze garen, aus dem Rinderhackfleisch (oder der Pute) kleine Burgerpatties formen und mit schwarzem Pfeffer und Salz würzen.
5. Die kleinen Burger-Patties sollten auf dem Grill oder in der Pfanne von jeder Seite etwa zwei bis drei Minuten gegart werden, damit sie den von Ihnen gewünschten Gargrad erreichen.
6. Setzen Sie Ihre Portobello-Pilz-Burger-Happen zusammen, indem Sie ein Mini-Patty auf eine gegrillte Pilzkappe legen und die Burger-Beläge Ihrer Wahl hinzufügen.
7. Jeden Bissen mit einem Zahnstocher sichern.

121. Tacos

Was wir brauchen:
- Große Kopfsalatblätter
- Magere Rindfleischwürfel
- Ihre Lieblingsbeläge für den Burger (z. B. Käse in Scheiben, Zwiebeln, Tomaten, Gurken, Avocado)
- Senf, Ketchup oder zuckerfreie BBQ-Sauce zum Beträufeln

Vorbereiten:
1. Das Rindfleisch (oder den Truthahn) in einer Pfanne auf mittlerer bis hoher Flamme kochen und dabei zerbröseln. Mit schwarzem Pfeffer und Salz würzen.
2. Sobald das Fleisch gar ist, das überschüssige Fett abgießen.
3. Stellen Sie Ihre Salatwickel-Burger "Tacos" zusammen, indem Sie große Salatblätter als Tacos verwenden. Füllen Sie die Burger mit dem gegarten Fleisch und einer Beilage Ihrer Wahl.
4. Für zusätzlichen Geschmack mit Senf, Ketchup oder zuckerfreier BBQ-Sauce beträufeln.
5. Falten Sie die Salatblätter um die Füllung, so dass ein "Taco" entsteht.

122. Kabobs mit Huhn und Gemüse

Was wir brauchen:
- Pflanzliches Öl
- ½ mittlere Zwiebel
- Gehackter Thymian (½ Teelöffel)
- Knoblauch, gehackt
- Ausgepresster Zitronensaft (2 Esslöffel)
- Ein Sommerkürbis
- Hühnerbrust ohne Knochen (4 Unzen)

Vorbereiten:
1. Den Zitronensaft, den Thymian, das Pflanzenöl und den Knoblauch in eine Schüssel geben und gut durchschwenken.
2. Dann die Hähnchenbrust in die Schüssel geben und gut anbraten.
3. Stellen Sie die Schale in den Kühlschrank, nachdem Sie sie mit einem Plastikkorken abgedeckt und verschlossen haben.
4. Nach 1 Stunde die Zwiebel, die Hähnchenstücke und den Kürbis auf vier große Spieße stecken und das Gemüse und das Fleisch auf die Spieße verteilen.
5. Einen Grill anheizen und etwa 12 Minuten grillen.

123. Gebratene Paprika mit Hähnchen

Was wir brauchen:
- Knoblauch, gehackt (½ Teelöffel)
- Pflanzliches Öl
- Baguette (4 Scheiben)
- Hähnchenbrust, gekocht (4 Unzen)
- Eine geröstete rote Paprika
- Basilikum (½ Tasse)

Vorbereiten:
1. Heizen Sie den Ofen vor.
2. Ein Backblech mit Alufolie umwickeln und beiseite stellen.
3. Nehmen Sie eine kleine Schüssel und vermischen Sie den Knoblauch und das Pflanzenöl gründlich.
4. Beide Seiten jeder Brotscheibe mit einer Kombination aus Pflanzenöl und Knoblauch bestreichen.
5. Nach dem Auflegen auf das Kochgeschirr werden sie auf jeder Seite etwa fünf Minuten getoastet.
6. Später das Huhn, das Basilikum und den roten Pfeffer in einen Topf geben und gut umrühren.
7. Jede getoastete Brotscheibe oben mit der Paprikamischung garnieren.

124. Antojitos

Was wir brauchen:
- Frischkäse (6 Unzen)
- Gemahlener Koriander
- ½ Jalapeño-Schote, gehackt
- Chilipulver
- ½ Frühlingszwiebel, gewürfelt
- Rote Paprika, gehackt (¼ Tasse)
- (8-Zoll) Mehltortillas
- Gemahlener Kreuzkümmel (½ Teelöffel)

Vorbereiten:
1. Chilipulver, Jalapeño-Pfeffer, Koriander, Frühlingszwiebeln, Frischkäse, rote Paprika und Kreuzkümmel in eine Schüssel geben und gut vermischen.
2. Verteilen Sie die Mischung gleichmäßig auf die drei Tortillas und verteilen Sie den Käse in einer leichten Schicht.
3. Die Tortillas wie eine Marmeladenrolle falten und fest in die Plastikhülle einwickeln.

4. Nach etwa einer Stunde kommen sie in den Gefrierschrank.
5. Die Tortilla-Rollen in Scheiben schneiden und auf einem Servierteller anrichten.

DESSERT

125. Schoko-Erdnuss-Protein-Happen

Was wir brauchen:
- 1 Tasse Erdnussbutter, die keinen zusätzlichen Zucker enthält
- 1 Tasse Schokolade
- 1 Tasse Proteinpulver mit Geschmack (z. B. Schokolade)

Vorbereiten:
1. Geben Sie die Schokolade in das Gerät, das kocht.
2. Geben Sie der Masse etwas Zeit, bis sie eine flüssige Konsistenz annimmt.
3. Mischen Sie die Erdnussbutter und das Eiweiß in einer Rührschüssel.
4. Er muss leicht klebrig sein, wie Spielknete.
5. Die Eiweißmischung mit der Hand zu Kugeln formen.
6. Kochen Sie die Bällchen, indem Sie sie in den Topf tauchen.
7. Um die richtige Menge an Flüssigkeit in der Schokolade aufrechtzuerhalten, müssen Sie den Herd die ganze Zeit über eingeschaltet lassen.
8. Nach dem Eintauchen sollten die Kugeln gekühlt werden.

126. Kirschkuchen

Was wir brauchen:
- Kuchenfüllung: Kirsche (20 oz.)
- Butter, ungesalzen (½ Tasse)
- Saure Sahne (1 Becher)
- 2 Tassen Weißmehl
- Zwei Eier
- 1 Teelöffel Vanille
- 1 Teelöffel Backpulver
- Zucker

Vorbereiten:
1. Heizen Sie die Mikrowelle vor (350°F) und lösen Sie die Butter auf.
2. Butter, Eier, saure Sahne und Vanille in einer kleinen Schüssel mischen und fein verrühren.
3. Mehl und Backpulver in einer separaten Schüssel mischen.
4. Anschließend die beiden Mischungen zusammenfügen und gründlich vermischen.

5. Fetten Sie die Pfanne ein und gießen Sie den Teig ein.
6. Verteilen Sie die Kirschmischung auf dem Teig.
7. Backen Sie sie etwa 40 Minuten lang.

127. Besondere Torte

Was wir brauchen:
- Johannisbrotmehl (¼ Tasse)
- Vanille
- 1½ Tassen Zucker
- 12 Eiweiß
- Mehl (¾ Tasse)
- Weinsteincreme (1½ Teelöffel)

Vorbereiten:
1. Heizen Sie den Ofen auf 375°F vor.
2. Mehl, Zucker und Johannisbrotmehl in eine Schüssel geben, gut vermischen und beiseite stellen.
3. Das Eiweiß und den Weinstein mit einem Schneebesen etwa sechs Minuten lang schlagen.
4. Der restliche Zucker wird zusammen mit dem Eischnee verrührt, bis der Zucker vollständig aufgelöst ist.
5. Das Mehl und den Vanilleextrakt in einer separaten Schüssel vermischen.
6. Die Masse auf eine Kuchenform verteilen.
7. Streichen Sie mit einem Messer durch die Mischung, um alle Luftlöcher zu entfernen.
8. Den Kuchen etwa 30 Minuten lang backen.
9. Die Pfanne zum Abkühlen auf ein Gestell stellen.

128. Avocado-Schokoladen-Mousse

Was wir brauchen:
- Drei vollreife Avocados, geschält und entkernt
- ¼ Tasse Kakaopulver
- ¼ Tasse Mandelmilch (ungesüßt)
- ¼ Tasse pulverisiertes Erythrit oder Süßstoff Ihrer Wahl
- 1 Teelöffel Vanilleextrakt
- Ein wenig Salz
- Schlagsahne und Himbeeren zum Garnieren

Vorbereiten:

1. Kakaopulver, reife Avocados, Vanilleextrakt, Mandelmilch, Erythritpulver und eine Prise Salz in den Mixer geben.
2. Vergewissern Sie sich, dass die Mischung glatt und cremig ist, indem Sie sie gut mixen.
3. Probieren Sie und passen Sie die Attraktivität bei Bedarf an, indem Sie mehr Elemente hinzufügen.
4. Die Schokoladen-Avocado-Mousse aus den Servierschalen nehmen.
5. Warten Sie vor dem Servieren mindestens eine halbe Stunde, bis er gefroren ist.
6. Wenn Sie möchten, können Sie den Kuchen mit Schlagsahne und frischen Himbeeren garnieren.

129. Beerenparfait

Was wir brauchen:

- 1 Tasse gemischte Beeren wie Heidelbeeren, Erdbeeren oder Himbeeren
- 1 Tasse griechischer Joghurt (ungesüßt)
- ¼ Tasse gehackte Nüsse
- 1 Teelöffel Vanilleextrakt
- 1 Esslöffel pulverisiertes Erythrit oder Süßstoff Ihrer Wahl

Vorbereiten:

1. In einer Schüssel den griechischen Joghurt mit der Vanilleessenz und dem Erythritpulver vermischen und nach Belieben süßen.
2. Die griechische Joghurtmischung, die verschiedenen Beeren und die gehackten Nüsse in Gläsern oder Schüsseln anrichten.
3. Wiederholen Sie die Schichten, bis alle Zutaten aufgebraucht sind.
4. Das Beerenparfait vor dem Servieren etwa 15-20 Minuten im Kühlschrank abkühlen lassen.
5. Genießen Sie diese fruchtige und sättigende Nachspeise!

130. Schokoladen-Erdnussbutter-Bomben

Was wir brauchen:

- ½ Tasse ungesüßte Erdnussbutter
- ¼ Tasse Kokosnussöl, geschmolzen
- 2 Esslöffel Kakaopulver
- 2 Esslöffel pulverisiertes Erythrit oder Süßstoff Ihrer Wahl
- ½ Teelöffel Vanilleextrakt
- Ein wenig Salz

Vorbereiten:
1. In einer Rührschüssel die ungesüßte Erdnussbutter, das geschmolzene Kokosnussöl, das ungesüßte Kakaopulver, das Erythrit-Pulver, die Vanilleessenz und etwas Salz vermischen. Verrühren, bis die Masse glatt ist.
2. Die Innenseite einer Mini-Muffinform mit Papier auslegen.
3. Die Masse in die Muffinförmchen geben und jedes etwa zur Hälfte füllen.
4. Etwa 20-30 Minuten einfrieren, so dass die Fettbomben fest werden.
5. Bewahren Sie die Keto-Erdnussbutter-Schokoladen-Fettbomben in einem luftdichten Behälter im Gefrierschrank auf.
6. Genießen Sie diese süßen und sättigenden Fettbomben als Belohnung!

131. Apfelkuchen

Was wir brauchen:
- Zwei Äpfel, gewürfelt (etwa 3 Tassen)
- Kristallzucker (2 Tassen)
- Zwei Eier, geschlagen
- Ungesalzene Butter
- Vanille-Essenz (2 Teelöffel)
- Piment
- 2 Tassen Mehl
- Gemahlener Zimt (2 Teelöffel)
- Muskatnuss
- Soda-Ersatz (1 Teelöffel)

Vorbereiten:
1. Heizen Sie den Ofen vor.
2. Ein Glas Topf mit Butter einölen; beiseite stellen.
3. Butter und Zucker in eine Schüssel geben und mit einem Daumenrührgerät schaumig rühren.
4. Später die Vanille und die Eier in die Schüssel geben und verrühren.
5. Muskatnuss, Backpulver, Zimt, Mehl und Piment in einer anderen Schüssel vermischen und gut durchrühren.
6. Die trockenen und feuchten Bestandteile zusammengeben und gut umrühren.
7. Den Apfel untermischen und die Kombination in den Kochtopf geben.
8. Im Ofen etwa eine Stunde lang backen, damit der Kuchen braun wird.
9. Lassen Sie sie abkühlen.

132. Käse-Häppchen

Was wir brauchen:
Für den Käsekuchen:
- 7 Unzen erweichter Frischkäse
- ½ Tasse pulverisiertes Erythritol
- 1 Teelöffel reine Vanille-Essenz
- 1 Zitronenschale
- ½ Zitronen Saft

Für die Mandelmehlkruste:
- 5 Esslöffel flüssige Butter
- 1 Tasse Mandelmehl
- 2 Esslöffel pulverisiertes Erythritol

Vorbereiten:
1. In einer Schüssel das weiche Erythritpulver, den Frischkäse, die Zitronenschale, die reine Vanilleessenz und den Zitronensaft zu einem glatten Teig verrühren.
2. In einer separaten Schüssel Mandelmehl, Erythritpulver und geschmolzene Butter zu einer Krustenmischung verarbeiten.
3. Eine Mini-Muffinform mit Papierförmchen auslegen.
4. Eine winzige Menge der Mandelmehlkrustenmischung in den Boden jedes Bodens drücken. Die Käsekuchenfüllung mit einem Löffel auf die Kruste geben.
5. Mindestens 2 Stunden kühlen, bis der Käsekuchen fest geworden ist. Servieren und diese köstlichen Keto-Käsekuchen-Häppchen genießen!

133. Chia-Samen-Pudding mit Beeren

Was wir brauchen:
- 1 Tasse Mandelmilch
- ¼ Tasse Chiasamen
- ¼ Teelöffel Vanilleextrakt
- ½ Esslöffel pulverisiertes Erythritol
- Gemischte Beeren (z. B. Erdbeeren, Heidelbeeren, Himbeeren)
- Geschnittene Mandeln zum Garnieren (optional)

Vorbereiten:
1. Die Chiasamen in eine Schüssel geben und die ungesüßte Mandelmilch, das Erythritpulver und den reinen Vanilleextrakt hinzufügen. Gut mischen. Gründlich verrühren.
2. Legen Sie das Ganze für mindestens zwei Stunden oder über Nacht in den Kühlschrank und schütteln Sie es ab und zu, damit es nicht klumpt.

3. Sobald der Chiasamenpudding eingedickt ist, kann er in Servierschalen gefüllt werden.
4. Mit gemischten Beeren und gehobelten Mandeln garnieren, um die Textur und den Geschmack zu verbessern.
5. Für Dessertliebhaber ist dieser Chiasamenpudding mit Beeren eine samtige und gesunde Wahl.

134. Vanille-Kokosnuss-Makronen

Was wir brauchen:
- 2 Tassen Kokosnussraspeln
- ½ Tasse pulverisiertes Erythritol
- Der weiße Teil von 2 Eiern
- ½ Teelöffel Vanilleextrakt
- Ein wenig Salz

Vorbereiten:
1. Bereiten Sie Ihren Ofen vor, indem Sie ihn auf 325 Grad Fahrenheit (160 Grad Celsius) vorheizen. Legen Sie ein Backblech mit Pergamentpapier aus.
2. In einer Schüssel die ungesüßten Kokosraspeln, das Erythritpulver, das Eiweiß, die reine Vanilleessenz und etwas Salz zu einer feinen Masse vermengen.
3. Löffelweise die Masse auf das gefaltete Pergamentpapier geben. Die Makronen 15-20 Minuten lang backen, bis sie leicht golden sind.
4. Lassen Sie sie abkühlen, bevor Sie diese köstlichen Vanille-Kokos-Makronen servieren.

135. Klassischer Mandel-Schokoladenkuchen

Was wir brauchen:
- ½ Tasse Mandelmehl
- Die vier großen Eier
- Die gehobelten Mandeln reichen für ½ Tasse.
- 2/3 Tassen Kakaopulver
- 3/4 Tasse granuliertes Erythritol
- ½ Tasse Butter aus Weidehaltung, geschmolzen
- 1/4 Esslöffel holländischer Kakao, dunkel
- Backpulver, zwei Esslöffel
- Tasse schwere Sahne, 34 oz.
- Mandelöl, rein, ein Teelöffel
- Eine Prise Salz

Vorbereiten:
1. Verwenden Sie ein Spray aus Kokosnussöl, um Ihren Slow Cooker vorzubereiten.

2. Die trockenen Zutaten (Mehl, Salz, Backpulver, Eiweiß, Erythrit und Kakaopulver) in eine große Schüssel geben.
3. Butter, Mandelöl und Sahne in einer separaten Schüssel vermischen.
4. Mischen Sie die Flüssigkeit mit den trockenen Bestandteilen, indem Sie die Mandeln mit einem Knusperstück vermengen.
5. Geben Sie den Teig in die Pfanne und legen Sie ihn auf den Deckel.
6. Wenn Sie ein puddingartiges Dessert bevorzugen, kochen Sie es bei niedriger Temperatur für 2-12 Stunden; wenn Sie eine kuchenartige Leckerei bevorzugen, kochen Sie es bei höherer Temperatur für 3-6 Stunden.
7. Vor dem Servieren noch 20-30 Minuten im Topf kochen lassen.

136. Himbeer-Schokoladen-Chip-Muffin-Kuchen

Was wir brauchen:
- Die vier großen Eier
- Eine Tasse Kokosraspeln, ungesüßt
- ½ Liter Vollfett-Sahne
- ¼ Tasse Kokosnussöl flüssig
- Mandelmehl für zwei Tassen
- Entweder ½ Tasse Stevia oder Erythritol
- Menge der zuckerfreien Schokoladenchips: 13 Tassen
- 1/4 Unze niederländischer Kakao, dunkel
- Butter aus Weidehaltung, geschmolzen, in einer Tasse
- Eine Tasse voll sauberer Himbeeren
- Backpulver, zwei Esslöffel
- Eine Prise Salz

Vorbereiten:
1. Verwenden Sie ein Spray aus Kokosnussöl, um Ihren Slow Cooker einzufetten.
2. Alle trockenen Zutaten in eine Rührschüssel geben.
3. Eier, Kokosnussöl, Ghee und Sahne in einer anderen Schüssel vermengen und gut verquirlen.
4. Mit den restlichen trockenen Zutaten (einschließlich Kokosnuss) vermischen.
5. Mit einigen Schokoladensplittern und frischen Himbeeren mischen.
6. Den Teig in den Topf geben und den Deckel schließen.
7. In den Dampfgarer legen und drei Stunden ruhen lassen.
8. Warten Sie, bis er abgekühlt ist, um ihn mit einem Spatel herauszunehmen und zu servieren.

137. Dekadenter Zartbitter-Schokoladen-Mandel-Kuchen

Was wir brauchen:
- Mandelmehl, 2 Esslöffel
- 1 Esslöffel Backpulver
- Ein Dutzend von jedem:
- Kakaonibs
- Wenden Sie die Körner.
- Eiweißpulver aus Eiweiß oder Molke, 3 Esslöffel
- ¼ t. Salz
- 2/3 Tasse ungesüßte Mandelmilch
- Ein Dutzend kleiner Eier
- Vanille-Essenz ¼ Teelöffel
- Geschmolzene Butter, 6 Esslöffel
- ¼ Tasse gehackte Nüsse (zuckerfrei)

Vorbereiten:
1. Einen Sechs-Quart-Slow Cooker einölen oder einsprühen und bereithalten.
2. Das Molkenproteinpulver mit dem Süßstoff, dem Mandelmehl, dem Backpulver, dem Salz und dem Kakaopulver vermischen und gut vermengen.
3. Die Butter, die Eier, die Vanille und die Milch verrühren, indem Sie die Zutaten miteinander vermengen. Mit ein paar Chips mischen und servieren. Geben Sie den Teig in den Topf und kochen Sie ihn so lange, wie Sie möchten.
4. Nach 20 bis 30 Minuten die Hitze reduzieren. Vorbereiten, in Scheiben schneiden und servieren.

138. Pikanter Zitronen-Custard

Was wir brauchen:
- 1/4 Tasse frisch gepresster Zitronensaft
- 1 Becher Schlagsahne
- Schale von einer Zitrone, ein Esslöffel
- Vanille-Essenz, 1 Teelöffel
- Stevia in flüssiger Form, ½ Esslöffel
- Ein Dutzend kleine Eier, weiß

Vorbereiten:
1. Eigelb, Zitronensaft und -schale sowie Vanille und Stevia verrühren.
2. Zum Anrichten auf vier Auflaufformen aufteilen und die Sahne unterheben.

3. Legen Sie die Förmchen auf ein Abkühlgitter und stellen Sie sie in Ihren Dampfgarer. Sie können sich auch mit einem Stapel zerknüllter Folie behelfen. Die Förmchen sollten nicht direkt auf dem Boden des Dampfgarers aufliegen.
4. Das Wasser sollte in die Förmchen gefüllt werden, wenn es etwa ein Drittel des Randes erreicht hat. Direkt neben dem Topfdeckel.
5. In den Dampfgarer legen und drei Stunden ruhen lassen.
6. Nehmen Sie die Förmchen nach Ablauf der Zeit heraus und lassen Sie sie auf Normaltemperatur abkühlen.
7. Legen Sie sie für mindestens drei Stunden in die Kühlung.
8. Machen Sie mit der Portion, was Sie wollen!

139. Knoblauch-Basilikum-Blumenkohl-Käsebrot

Was wir brauchen:
- Blumenkohl, mit einem Gesamtgewicht von 1 Kopf
- 2 Esslöffel Mozzarella
- Ein halber Teelöffel Salz und zwei ganze Knoblauchzehen
- 2 Eier
- 2 Teelöffel fein gemahlene Kokosnuss
- Schwarzer Pfeffer zum Abschmecken
- Frisches Basilikum

Vorbereiten:
1. Blumenkohl sollte in Stücke geschnitten werden.
2. Ein Drittel des Käses, Mehl, Pfeffer, Blumenkohl und Salz in einer Schüssel vermischen.
3. Alle oben genannten Zutaten in den Kochtopf geben.
4. Den übrig gebliebenen Käse zusammen mit dem gehackten Knoblauch in das Gericht geben.
5. Bei starker Hitze drei Stunden lang zubereiten.
6. Basilikum sollte als Garnitur verwendet werden.

140. Schokoladenkuchen

Was wir brauchen:
- 1,5 Liter eines Süßungsmittels
- 5 Esslöffel ungesüßtes Kakaopulver, um die Schokolade herzustellen
- 3 Eier
- ½ Teelöffel Vanilleextrakt
- 1 Teelöffel Backpulver
- 4 Unzen Schokoladensplitter, die in ihrer Zusammensetzung zuckerfrei sind

- Eine halbe Tasse Mehl, das glutenfrei ist
- Eineinhalb Teelöffel Salz
- Eine halbe Tasse Butter
- 3 Eigelb
- 0,5 Teelöffel flüssiges Stevia, Vanille
- 2 abgemessene Tassen kochendes Wasser

Vorbereiten:
1. Je 1,25 Esslöffel Mehl, Kakaopulver, Salz und Backpulver mischen.
2. Vermengen Sie zunächst in einer anderen Schüssel das Eiweiß, die Vanilleessenz, die geschmolzene Butter und das Stevia gründlich.
3. Geben Sie alles, was oben aufgelistet wurde, in den langsamen Kocher. Die Schokoladenstückchen in die Untertasse geben.
4. Das kochende Wasser mit dem restlichen Mehl in einer Rührschüssel vermischen.
5. Bei niedriger Hitze drei Stunden lang kochen.

141. Schokoladen-Mandel-Brownies

Was wir brauchen:
- 1 Standardtasse gemahlene Mandeln
- 2 Teelöffel Mandelmehl, eine halbe Tasse und eine halbe Tasse Kakaopulver
- 1,5 Esslöffel der pulverförmigen Backzutat
- Drei Hühnereier
- 0,66 ml Milch aus Mandeln
- 0,33 Gramm zuckerfreie Schokoladenchips, einschließlich Chips
- Eine halbe Tasse Swerve
- je 3 Esslöffel Molkenproteinisolat, Proteinpulver und geschmacksneutrales Protein
- 0,25 Gramm Salz in einem Teelöffel
- Es sollten 6 Esslöffel Butter sein.
- 0,75 Esslöffel einer Vanilleessenz

Vorbereiten:
1. Süßstoff, Eiweißpulver, Salz, Mandelmehl, Kakaopulver und Backpulver sollten in einer Schüssel mit einem Schneebesen vermischt werden.
2. Die Eier, die Butter, die Vanilleessenz und die Eigelbe unterrühren, bevor die Mandelmilch hinzugefügt wird.
3. Der Herd ist der Ort, an dem Sie alles unterbringen sollten.
4. Zwei Stunden lang im Dampf backen.
5. Warten Sie dreißig Minuten, bis es abgekühlt ist.

142. Käsekuchen

Was wir brauchen:

Kruste:
- Ein paar Teelöffel Butter
- Stevia nach Geschmack
- 1 Unze (oder Tasse) Pekannüsse
- 1 Ei

Füllung:
- Frischkäse mit einem Volumen von 16 Unzen
- Eineinhalb Milligramm Stevia
- 4 Esslöffel vollfette Schlagsahne
- Zwei Eier
- Ein Teelöffel Essenz der Vanilleschote

Vorbereiten:
1. Sie müssen die Nüsse mahlen und dann mit den restlichen Zutaten für die Kruste vermischen.
2. Im Slow Cooker zu einer Kuchenkruste formen.
3. Die Zutaten für die Füllung vermengen.
4. Die Kruste darauf legen.
5. Geben Sie eine Tasse Wasser in die Mischung.
6. Bei starker Hitze zwei Stunden lang zubereiten.
7. Geben Sie dem Ganzen etwas Zeit.

143. Karottenkuchen Köstlichkeit

Was wir brauchen:

Torte:
- 5 Tassen gemahlene Mandeln und 0,5 Tassen gemahlene Kokosnuss
- Ein halber Teelöffel Vanilleextrakt
- ¼ Tasse Walnüsse
- Zwei Esslöffel der pulverförmigen Backzutat
- 25 Milligramm gemahlene Nelken
- 2 Messbecher Karotten
- Eine viertel Tasse Kokosnussöl
- 25 Tassen nicht aromatisiertes Molkenproteinpulver, ein Eiweißpulver.
- Eineinhalb Milligramm Zimt
- 25 Gramm Salz in einem Teelöffel

- 4 Eier
- Mandelmilch, in der Menge von drei Esslöffeln

Zuckerguss:

- Käsesahne mit einem Volumen von 6 Unzen
- 75 Milligramm Vanilleextrakt
- 5 Tassen Stevia
- Eine halbe Tasse Schlagsahne

Vorbereiten:

Torte:

1. Tragen Sie Öl auf die Innenseite des Kochers auf.
2. Alle folgenden Zutaten in einer Schüssel mischen: Mehl, Kokosnuss, Eiweiß, Zimt, Salz, Süßstoff, Nüsse, Backpulver und Nelken.
3. Danach die Eier, die Mandelmilch, die Karotten, das Kokosnussöl und die Vanilleessenz unterrühren.
4. Die einzelnen Bestandteile gut miteinander vermischen.
5. In das Innere des Kochers gießen.
6. Bei niedriger Hitze drei Stunden lang kochen.
7. Geben Sie dem Ganzen etwas Zeit.

Zuckerguss:

1. Den Süßstoff und die Käsecreme gründlich vermischen.
2. Die Vanille mit der Sahne verrühren.
3. Mischen, bis eine seidige Glätte entsteht.
4. Auf dem abgekühlten Kuchen verteilen.

144. Energie-Häppchen

Was wir brauchen:

- 1 Tasse Erdnussbutter, die keinen zusätzlichen Zucker enthält
- 1 Tasse Schokolade
- 1 Tasse Proteinpulver mit Geschmack (z. B. Schokolade)

Vorbereiten:

1. Geben Sie die Schokolade in das Gerät, das kocht.
2. Geben Sie der Masse etwas Zeit, bis sie eine flüssige Konsistenz annimmt.
3. Mischen Sie die Erdnussbutter und das Eiweiß in einer Rührschüssel.
4. Er muss leicht klebrig sein, wie Spielknete.
5. Die Eiweißmischung mit der Hand zu Kugeln formen.
6. Kochen Sie die Bällchen, indem Sie sie in den Topf tauchen.

7. Um die richtige Menge an Flüssigkeit in der Schokolade aufrechtzuerhalten, müssen Sie den Herd die ganze Zeit über eingeschaltet lassen.
8. Nach dem Eintauchen sollten die Kugeln gekühlt werden.

30-Tage-Mahlzeitenplan

Woche 1

Tag 1:
- **Frühstück:** Blaubeer-Bananen-Smoothie
- **Mittagessen:** Gegrilltes Huhn und Avocado-Salat
- **Abendessen:** Klassischer Schmorbraten
- **Imbiss:** Caprese-Spieße mit Balsamico-Glasur

Tag 2:
- **Frühstück:** Omelett
- **Mittagessen:** Pesto-Kräuter-Schweinekoteletts
- **Abendessen:** Gebackener Lachs mit Zitronen-Dill-Sauce
- **Imbiss:** Griechischer Joghurt mit Beeren und Mandeln

Tag 3:
- **Frühstück:** Mandel-Cranberry-Müsliriegel
- **Mittagessen:** Rindfleisch Stir-up
- **Abendessen:** Auberginen-Lasagne
- **Nascherei:** Parmesan-Zucchini-Chips

Tag 4:
- **Frühstück:** Kauzige Dattel-Apfel-Riegel
- **Mittagessen:** Adobo-Huhn
- **Abendessen:** Zitrone, Knoblauch, Shrimps und Spargel
- **Imbiss:** Räucherlachs mit Gurke

Tag 5:
- **Frühstück:** Spiegeleier mit Spinat und Champignons
- **Mittagessen:** Rindfleischbrot
- **Abendessen:** Gegrillte Portobello-Pilze mit Spinat und Feta
- **Imbiss:** Mandel-Kokosnuss-Energie-Happen

Tag 6:
- **Frühstück:** Griechischer Joghurt mit Beeren-Glück
- **Mittagessen:** Persisches Huhn
- **Abendessen:** Spaghetti Squash mit Pesto und Kirschtomaten

- **Imbiss:** Pikante geröstete Kichererbsen

Tag 7:
- **Frühstück:** Avocado und Ei - Frühstücksgenuss
- **Mittagessen:** Spezielle Nudeln
- **Abendessen:** Gebackene Hähnchenschenkel mit Knoblauch und Kräutern
- **Imbiss:** Mini-Glockenpaprika-Nachos

Woche 2

Tag 8:
- **Frühstück:** Frittata mit Spinat und Pilzen
- **Mittagessen:** Gebratener Reis mit Blumenkohl
- **Abendessen:** Zoodles mit Fleischbällchen in italienischer Sauce
- **Imbiss:** Blumenkohl-Büffel-Häppchen

Tag 9:
- **Frühstück:** Räucherlachs-Käse-Rolle
- **Mittagessen:** Blumenkohl-Brokkoli-Suppe
- **Abendessen:** Curry-Blumenkohl-Suppe
- **Imbiss:** Knuspriger Käse

Tag 10:
- **Frühstück:** Grüner Smoothie
- **Mittagessen:** Gefülltes Gemüse mit Champignons
- **Abendessen:** Krabbensoße
- **Imbiss:** Frikadellen

Tag 11:
- **Frühstück:** Beeren-Streusel-Pudding
- **Mittagessen:** Quiche Lorraine
- **Abendessen:** Blumenkohl-Reis und Luau-Schweinefleisch
- **Imbiss:** Süß-scharfe Garnele

Tag 12:
- **Frühstück:** Kauzige Dattel-Apfel-Riegel
- **Mittagessen:** Hähnchen Gyros
- **Abendessen:** Gebratener Rindfleischeintopf
- **Imbiss:** Spaghetti-Kürbis mit Käse

Tag 13:
- **Frühstück:** Frühstücks-Hackbraten
- **Mittagessen:** Hühner-Satay

- **Abendessen:** Hühner-Nudel-Suppe
- **Imbiss:** Grüne Bohnen mit Prosciutto und Knoblauch

Tag 14:
- **Frühstück:** Gemischtes Gemüse-Omelett
- **Mittagessen:** Schweinekoteletts
- **Abendessen:** Gebackener Kabeljau mit Zitrone und Kräutern
- **Imbiss:** Frisches Gemüse mit Kräutern

Woche 3

Tag 15:
- **Frühstück:** Käse-Eier, Speck und Blumenkohl-Haschee
- **Mittagessen:** Hühnerbraten
- **Abendessen:** Gegrillte Hähnchenbrust mit Zitronen-Kräutern
- **Imbiss:** Gebratenes Gemüse

Tag 16:
- **Frühstück:** Pochierter Lachs
- **Mittagessen:** Müsli und gegrillte Pfirsiche
- **Abendessen:** Pikanter Blumenkohlreis mit Putenhackfleisch
- **Imbiss:** Pizza-Auflauf

Tag 17:
- **Frühstück:** Hüttenkäse mit Nussmischung
- **Mittagessen:** Pikante mediterrane Hähnchenschenkel
- **Abendessen:** Gegrilltes Hühnerfleisch und gebratenes Gemüse
- **Imbiss:** Süß-würzige Thai-Pizza

Tag 18:
- **Frühstück:** Gemüse Korma
- **Mittagessen:** Rindfleisch Bourguignon
- **Abendessen:** Gegrilltes Koriander-Limetten-Huhn
- **Imbiss:** Pfannkuchen

Tag 19:
- **Frühstück:** Zucchini-Suppe
- **Mittagessen:** Klassischer Schmorbraten
- **Abendessen:** Lamm mit Spargel
- **Imbiss:** Pizza Twist

Tag 20:
- **Frühstück:** Gegrillter Heilbutt mit Zitrusfrüchten
- **Mittagessen:** Paneer-Curry mit gefüllten Kartoffeln
- **Abendessen:** Zoodles mit Fleischbällchen in italienischer Sauce
- **Imbiss:** Diavola-Pizza

Tag 21:
- **Frühstück:** Spezial-Gemüsebrühe
- **Mittagessen:** Verschiedene Hühnercurrys
- **Abendessen:** Shrimp Thermion
- **Imbiss:** Vegane Pizza

Woche 4

Tag 22:
- **Frühstück:** Cappuccino-Schoko-Chip
- **Mittagessen:** Reis mit Linsencurry
- **Abendessen:** Gebratener Rindereintopf
- **Imbiss:** Gegrilltes Sandwich

Tag 23:
- **Frühstück:** Blaubeer-Bananen-Smoothie
- **Mittagessen:** Gebackenes Ei
- **Abendessen:** Suppe mit Huhn und Nudeln
- **Imbiss:** Mini-Burger-Schieber

Tag 24:
- **Frühstück:** Gumbo mit Meeresfrüchten
- **Mittagessen:** Thunfisch-Avocado-Salat
- **Abendessen:** Rindfleisch in einem Rührbraten
- **Imbiss:** Portobello-Pilz-Burger-Häppchen

Tag 25:
- **Frühstück:** Frühstücks-Hackbraten
- **Mittagessen:** Gegrillte Shrimps und Gemüsespieße
- **Abendessen:** Zander in Basilikumsahne gedünstet
- **Imbiss:** Tacos

Tag 26:
- **Frühstück:** Truthahn-Auflauf
- **Mittagessen:** Lamm- und Schweinefleischgewürz
- **Abendessen:** Käsiger Thunfischauflauf

- **Imbiss:** Hähnchen-Gemüse-Kabobs

Tag 27:
- **Frühstück:** Waffel-Sandwich
- **Mittagessen:** Einfache Hühnersoße
- **Abendessen:** Ingwer-Rindfleisch-Salat
- **Imbiss:** Gebratene Paprika mit Huhn

Tag 28:
- **Frühstück:** Bagel-Sandwich
- **Mittagessen:** Krabbenküchlein mit Limettensalsa
- **Abendessen:** Französische Zwiebelsuppe
- **Imbiss:** Antojitos

Tag 29:
- **Frühstück:** Mandel-Cranberry-Müsliriegel
- **Mittagessen:** Deviled Egg mit eingelegten Jalapenos
- **Abendessen:** Traditionelle Hühner-Gemüse-Suppe
- **Imbiss:** Mit Guacamole gefüllte Gurkenhäppchen

Tag 30:
- **Frühstück:** Kirschenkekse
- **Mittagessen:** Schusterjunge mit Hühnersoße
- **Abendessen:** Gegrilltes Hühnerfleisch und gebratenes Gemüse
- **Imbiss:** Caprese-Spieße mit Balsamico-Glasur

SCHLUSSFOLGERUNG

Sich auf eine kulinarische Reise zu begeben, um die Insulinresistenz in den Griff zu bekommen, kann sowohl erfüllend als auch genussvoll sein. Dieses Kochbuch bietet eine Vielzahl köstlicher und nahrhafter Rezepte, die Ihre gesundheitlichen Ziele unterstützen und gleichzeitig Ihre Geschmacksnerven befriedigen. Jede Mahlzeit, vom reichhaltigen Frühstück bis zum sättigenden Festmahl, ist so konzipiert, dass sie Ihre ganzheitliche Gesundheit unterstützt und Ihnen hilft, Ihren Blutzuckerspiegel unter Kontrolle zu halten.

Wenn Sie diese Mahlzeiten in Ihre regelmäßige Routine einbeziehen, könnte sich Ihre Einstellung zum Essen ändern. Die Konzentration auf ganze, unverarbeitete Zutaten stellt sicher, dass Sie wichtige Nährstoffe erhalten und gleichzeitig unnötigen Zucker und ungesunde Fette vermeiden. Wenn Sie diese Rezepte befolgen, können Sie die Vorteile einer Ernährung genießen, die die Insulinempfindlichkeit unterstützt und das Risiko damit verbundener Gesundheitsprobleme verringert.

Die Umstellung auf eine Insulinresistenz-Diät kann eine große Umstellung der Lebensweise erfordern, aber mit der richtigen Vorbereitung und Hingabe kann sie auch große positive Auswirkungen auf die Gesundheit haben. Übernehmen Sie die Verantwortung für Ihre Insulinresistenz und streben Sie eine gesunde Zukunft an, indem Sie auf Portionskontrolle, Flüssigkeitszufuhr, eine ausgewogene Ernährung und regelmäßige Bewegung achten.

Denken Sie daran, dass Konsequenz wichtig ist. Ihre Gesundheit kann sich mit kleinen, aber dauerhaften Änderungen Ihrer Ernährungsgewohnheiten erheblich verbessern. Dieses Kochbuch ist nicht nur eine Rezeptsammlung, sondern ein Werkzeug, das Sie auf Ihrem Weg zu einer besseren Gesundheit unterstützt. Wenn Sie diese Gerichte ausprobieren, werden Sie feststellen, dass der Umgang mit Insulinresistenz nicht bedeutet, dass Sie auf Geschmack oder Genuss verzichten müssen.

Wir freuen uns, dass Sie dieses Kochbuch als Ausgangspunkt nutzen. Möge es Sie dazu inspirieren, mit Kreativität und Selbstvertrauen zu kochen, Ihren Körper zu nähren und einen gesünderen Lebensstil anzustreben.

Made in the USA
Las Vegas, NV
28 January 2025